わが子が育てづらいと感じたときに読む本

たいわ士
南山みどり

医学博士／池川クリニック院長
池川 明［監修］

ビジネス社

はじめに

前著である『宇宙チルドレン』（ビジネス社刊）が出版されてから2年が経ちました。幸せなことに同書は、多くの方に読んでいただけました。また皆様からうれしいメッセージを多数、頂戴しましたことを感謝いたします。

『宇宙チルドレン』は、かかわり方の難しい子や育てにくい子を抱えていらっしゃる方、人生に生きづらさを感じていらっしゃる方々の多くにみられる「インディゴ・チルドレン」と呼ばれる個性について書いた本ですが、子育て全般に当てはまる大切なことをお伝えできたのではと思っております。

子育てで大切なことは、「ありのままのその子の存在を認める」ことだと思います。教育とは文字通り「教え育むこと」ですが、子育てでは「子どもの生きる力を信じて、成長を温かく見守る姿勢が大切」なのです。親は子どもの成長を自分のよろこびとしながら、順を追って物事を一つずつ教えながら育てていかなければなりません。

たとえば、やさしい子に育ってほしかったら、親が自らやさしさとはどういうものかを示し教えていかなければ、子どもには伝わらないのです。


ところで、近年、発達障がいと診断をされる子どもたちが増えています。身体や言葉の発達などに遅れのない子の中にも、社会性・想像力・コミュニケーションに問題のある自閉症をはじめとする広汎性発達障がいといわれる障がいを抱える子どもたちがいます。自閉症スペクトラム・注意欠陥／多動性障がい・アスペルガー症候群・学習障がい・特定不能の広汎性障がい……知的障がいをともなわない高機能広汎性発達障がいなどの子どもたちです。

彼らを育てる上で大切なことは、そのほかの子どもたちに対しても役立つことが多いのです。たとえばこだわりの強い子を改善しようとするよりも、ほかのことに興味を持たせたり、物事や対人関係での具体的なかかわり方を経験させたりすることで、さまざまな能力が養われていき、コミュニケーション能力も増していきます。親ができないことにこだわるよりも、できたことを大切にしながら育てていくことが有益なのです。その事実を知ることは、子育てにおいて大きなプラスとなります。

コミュニケーションがとりづらい子や集団行動のできない子の場合は、少し変わっている子・自分勝手でわがままな子・思いやりのない子・躾《しつけ》のできてない子・空気の読めない子などと言われることがあります。でも、あなたが子どもの頃にはどのクラスにもそのような個性的な子がいたと思いませんか？

また、たとえ障がいがあっても、それをよい意味で個性ととらえ、生きていく上での不都合ばかりに目を向けず、彼らの長所を伸ばしながら育てるという視点が大切です。環境に恵まれていたり、理解をされながら育てられるとき、親子が努力を重ねた結果、障がいを抱えつつも社会に適応している人は、医学的には発達障がいとは診断されません。そのような方はたくさんいらっしゃいますし、得意分野を生かして専門家になられている方や、著名人や有名人になられている方も多いのです。

つまり、その子の個性を大切にし、そのありのままの姿を認めて愛することができたら、私たちはもっと幸せになり、心豊かになれるのです。

自分は何者なのか？　どこからきて、どこに行くのか？――私はそのことをずっと以前から自身の課題として考え続けてきました。

人が「これが自分自身だ」と言えるような自己を確立するためには、育っていく過程での親や他者とのかかわり、彼らから受ける影響がとても大切だと思います。ところが現代は、人とのかかわりが希薄で、ご近所とのお付き合いもほとんどありません。「密室保育」や「孤育て」という言葉があるほど、子育てが孤独な営みになっているのです。子どもたちにとっては、多くの大人たちから無条件で「かわいい」と受け入れられる機会が少なくなっていること、それをとても残念に思います。

今回、本著では愛着障がいについてお伝えしています。

愛着障がいは、誤解をうまないように簡単に説明するのは難しいのですが、あえてお伝えするのならば、発達障害のように脳の障がいで起こるわけではありません。

母子のコミュニケーションは、胎児がお母さんのお腹の中にいるときからはじまっています。愛着は生後3年間くらいかけて、子どもと親または養育者とのかかわりの中で育まれていきます。泣いたらあやしてもらったり、抱いてもらえる……。そのような行為を通して、無条件に愛されて受け入れられる経験をするのです。

そして、自分はかけがえのない大切な存在だということを理解しながら、自分や他者の心や身体を大切にすること、人を信じることを学びながら成長をしていきます。

とくに愛着に対する自己が確立される乳幼児期に、安定した成育環境がない場合や無条件で受け入れられる経験に乏しかったり、成長の過程で認められたり、助けられたりゆるされることがないと、自信や勇気を持つことができなくなってしまいます。そのため、人とかかわりをもつのが難しくなってしまい、その後の人生にさまざまな影響が出てしまうのです。

たとえば、子どもや親が入院をしているような場合は、親子が一緒に暮らせませんが、幼い子どもにはなぜ一緒に暮らせないのか理解できません。また、うつなどの精神的疾患のために育児ができなかったり、育児放棄を含む心身への虐待などで健全な親子関係を築けなかったり、養護施設等で特定の養育者に育てられることが難しい場合に（もちろんこれらが原因のすべてではありませんが……）、愛着障がいが起こるといわれています。過保護のような愛情過多ではなく、愛情が足りないときに愛着障がいの問題が起こるのです。

しかし、現代を生きる私たちの中には、多少なりとも愛着障がいがあるのではないのでしょうか……。なぜなら、生まれてからの成育歴で、存在や願望のすべてが受け入れられて育つ人はいないのですから。

また、思い通りにいかない現状を悩み考え、乗り越えていくことで成長するのです。つまり、悩みや問題は成長のためにもあるものなのです。

ですから、ありのままの存在を受け入れる子育ては、これからの課題であり解決策につながるのだと思います。

この本は、そうした状況を受け、「いま」という時代の子育てについて前著をさらに掘り下げるかたちで書き下ろしたものです。

この本が、多くの方——とくに生きづらさを感じている方や、子育てに苦労している方のお役に立てることを願っています。

わが子が育てづらいと感じたときに読む本 † 目次

第2章 ガラス細工の子どもたち ……65

第3章 多種多様なインディゴ・チルドレン ……93

第4章 ガラス細工の子どもたちを育てるために……133

第1章

がんばっているお母さんたちに愛をこめて伝えたいこと

「生まれてくれてありがとう」

子どもは生まれてきてくれるだけで親孝行なのです。
そして人は生きているだけで価値があります。

あなたはいま、幸せだと思っていますか……?
それとも、幸せでないと思っていますか……?
幸せとは何でしょう……
どんなときに幸せを感じますか……?
美味しいものを食べるとき、どう感じますか?
悲しいときにはどう感じますか?

幸せは、いまこの瞬間にあります。
あなたが『幸せ』と、思えるのなら、幸せはいま、ここにあるのです。
あなたが何かをしていても、また何もしていないとしても、それはあなたの存在価値に何の影響も与えません。あなたは存在しているだけでいい、それだけで素晴らしいのです。なぜならば、あなたに代わる人はいないのですから……。あなたはかけがえのない大切な存在なのですから……。

右に記したのは、人のネウチということに関する真実です。人間はただ生きているだけでネウチがある――古来、賢者と呼ばれる人たちはそう教え諭《さと》してきました。

ところが、現代社会の現実はどうでしょうか？

人は地位・学歴・職種・収入・家柄などなどで判断・評価されがちです。学歴や職種などはその人の〝属性〟にすぎず、その人の人格や価値とイコールでは決してないのです。ところが、それらは得てして人を評価する際のモノサシになってしまいます。

いつの間にか、仕事などを少しでも効率的に、よりよくできることがよいことの証《あかし》であるかのような考え方が広まってしまいました。何かに秀でていることが素晴らしい人の条件であるような錯覚もまた、蔓延《まんえん》しています。その結果、普通であること、当たり前の生活を日々つつがなく送ることの大切さや尊さが語られることがなくなってしまいました。

そのように時代が変化する中、母親の役割も変わってきたような気がします。子どもを産んで育てる——単純に言えば、母親の役割とはそうしたものですが、昔もいまも、母親が日々の忙しさに追われながら過ごすことには変わりはありませんが、母親たちの気持ちや心がけが変わってきてしまったのです。

電化製品の著しい進化によって、昔に比べて家事は楽になったはずです。その反面で母親たちは時間や心のゆとりを失ってきています。「躾」や「わが子の将来のため」という大義名分のもとに、わが子を「問題児」にしないことや、よりよい子・優秀な子どもを育てること、または普通の子に育ってくれれば特別なことがなくてもいいという「普通意識」を気にするようになってきたのも一因です。親子で習い事が増えたり、送迎に時間がかかったり、仕事で忙しくなっているのも原因の一つです。子どものことを考えて行動のできる親は、子どもの状態や置かれている現実がわかります。しかし、子どもの現実に向き合えない親ほど、親の理想を子どもに求めて、気持ちを押しつけがちです。

子どもを愛さない親はいない——これは昔からの常識です。でも、いまはわが子の愛し方がわからない親や、わが子を愛せないと思ってしまう親が増えています。わが子と過ごす時間が苦痛になったり、子どもと向き合えなかったり、赤ちゃんをあやしたり抱くことができずに途方に暮れてしまうような母親も増えています。

私のところには、「赤ちゃんが泣きやまないと自分が責められているようで、たまらなくなってどなったり、耳を塞いだり、その場から逃げてしまう」という相談もありました。一生懸命に接するあまり、ストレスがたまってしまう。わが子をどう扱ったらいいのかわからず、途方にくれてしまい、子どもに振り回されてしまってノイローゼになりそうです——というような相談も増えています。

そもそも育児や家事には終わりがありません。いかに一日中忙しく立ち働いても、「もう充分に働いたので、今日の仕事はこれで終わりにしましょう」と言われたり、「いつもがんばってくれてありがとう」と認められたり、ほめられたりすることはほとんどありません。日々のことは「できて当たり前」と思っているのです。育児や家事の合間にホッとする時間はなく、片づけや用事に追いかけられているような状況では、「がんばらなくてはいけない」というプレッシャーばかりかかり、母親のストレスはたまっていくのです。

ただでさえそうなのに、現在では「普通でいてくれれば……元気でいてくれればいいの」と思う一方で、勉強をさせなくてはいけない現実もあります。運動もできて、お友達にやさしくできる性格のよい子に育てなくてはいけない……そんな「思い込み」から、なおさら自分を追いつめてしまうことも、あります。さらに、いじめの問題も増えていて、ストレスは増える一方なのです。

そうしたもろもろのプレッシャーが相まって、多くの母親が子どもと過ごす時間を楽しめなくなっているのです。

親のエゴで子育てをしない

子どもは、「愛のある言葉」と「時間」と「手」をかけ、その他多くのものを与えながら育てるものです。しかし、気がつけば、常にわが子に「早くしなさい」と言っていませんか？

笑顔で過ごしていますか？

お子さんと一緒に楽しく過ごしていますか？

それとも怒っている時間のほうが多いですか？

育児によろこびを感じていますか!?

無条件で「かわいい」と思えますか!?

あなたはお子さんに何を求めているのでしょうか……。

私は、たいわ士（胎話士）として、池川クリニックで、出産直後のママと赤ちゃんの「ウエルカム・セッション」を担当しています。パパやその他のご家族も同席されて、赤ちゃんや身体からのメッセージをお伝えすることもあります。

　こうしたセッションのときにいつも感じることがあります。その場にいる全員が、赤ちゃんに出会えた奇跡に感動し、生まれてくれたことに感謝をしているということです。生まれてきてくれたことがうれしくて、赤ちゃんがそこにいるだけでうれしくて、いつまでも見ていたい。赤ちゃんが泣いてもかわいくて、たまに笑ってくれたりすると、もう天にも昇るような気持ちになってしまう。皆さんが同じ思いで幸せな笑顔に満ちあふれているのです。

　ところが、子どもの成長とともに、一つずつできることが増えていくと、この子はこれをうまくできた、しかし、これはできなかったなどと、皆が一喜一憂するようになってしまいます。わが子とほかの子とを比べることから、悩みが生まれて、悲しみやイライラも増えていくのです。

　子どもにはできるだけ苦労をさせたくない、少しでもいい生活を送ってほしい――そう考えるのは、親としてある意味、当たり前のことかもしれません。でも、その考えから「早くしなさい」「ちゃんとしなさい」「お勉強をしなさい」などという言葉で子どもをコントロールしようとするのはまちがいです。

あれがいいと聞くとあれを試して、これがいいと聞くとこれを試す。子どものため（じつは親が安心するためですが！）と言いつつ、習い事をさせ、塾にも通わせる。いまでは多くの親がそうしています。

子育ては忙しい上に、習い事などをさせればお金もかかります。その挙げ句、疲れきってイライラしだし、「だれのためにがんばっていると思うの？」と子どもに八つ当たりをする。そして、そんな言動をとってしまったことに自己嫌悪を覚える――悪循環がはじまります。

それでも健気《けなげ》な子どもたちが親の期待に応えられているうちはいいのです。それができなくなったときに、だれよりもつらくなるのは当の子どもたちです。彼らはやがて、問題行動を起こすようになります。それは「困っている、助けてほしい」のサインなのですが、なかなか理解されずに意味もなく反発しているととらえられがちです。

その場かぎりの反発や反抗にとどまっていればいいのですが、いじめをしたり、不登校になったり、自虐的な行為や家庭内暴力などに走ったり、引きこもってしまう――そんな深刻な事態に発展することも珍しくありません。

それらは、子育てでいちばん大事なことは何かを理解していないがゆえに起こる悲劇です。では、子育てでいちばん大事なこととは何か。それは、子どもを愛することです。子どもの発育や置かれている状況を理解して、親のエゴからではなく、その子が本心で望むことを手助けすることが大事なのです。

育児とは「育自、自分育て」なのです

目に見えないものの大切さに気づくことが大切です。たとえば、「愛」「心」「気」などの大切なものは目には見えません。目に見えないのですから、たとえば「愛」をどのように感じて受け止めるのか、またそれをどう表現するかなどは千差万別であっていいのです。感じ方にまちがいなどはありません。子育てや人生も同じです。個々がどう感じるか、それがすべてで、あなたが思うことが、あなたの現実になるのです。

人として成長をする上で、経験に勝るものはありませんが、現代は知識偏重の世の中になっています。その割には、得た知識を実際に役立てることが、難しくなってきているように思います。

ほ乳類で人間だけが何もできない状態で生まれてきます。そして生後1年以上か

けて、歩いたり食べたりできるようになり、人としての基本の動作が身についていくのです。赤ちゃんは、お腹がすいて泣くとお乳をもらえ、おむつが濡れると替えてもらえます。抱っこをしてほしいときにも泣きます。まだ言葉に出して気持ちを伝えられないので、泣くことで「こうしてほしい」と訴えるのです。そうすると親や保育者がその欲求をかなえてくれて、赤ちゃんは満足を得ます。こうしてお世話をされながら、かわいがられて、愛されながら、愛を学びながら人として育っていく中で、親と子の愛の絆《きずな》が結ばれていくのです。

昔から日本には「三つ子の魂百まで」「子は授かりもの」「7歳までに起こることはすべて親の責任」というような言葉があります。「ひとつ　ふたつ　みっつ……このつ」というように、年齢に「つ」がつく間、つまり「とお」＝10歳までの間の子どもは神様からの預かりものという言葉もあります。三つ子とは、数えで3歳、満2歳までのことをいいます。妊娠中を1年と数えて、2歳までの合計3年間に経験したことは、100歳までも影響をするという教えです。昔の人の寿命は短かったので、100歳とは、死んだ後まで影響が残る……または子孫にも影響を与えるという教えなのです。

昔の人は、子を抱き、背負いながら家事や仕事をしてきました。ことわざを見ても「親の背中を見て育つ」「負うた（背負った）子に教えられて浅瀬を渡る」など、子育てと「背中」を関係づけたものがたくさんあり（日常的にスキンシップがもてていたのがわかります）、それらの故事に見る通り、子育てに関する大切なことも、先祖から代々受け継がれてきていたのです。

ところが、敗戦によって日本は、それまでの価値観が一変してしまいました。何が正しくて、何がまちがっているのかなど問いただす間もなく、生きること、食べることに必死になって戦後の混乱の中を生き抜いてきたのが私たちの親の世代です。彼らはそのような青少年時代を過ごし、やがて結婚をして親になりました。

私が生まれたのは１９５３年ですが、'50年代のアメリカでは、子どもを抱かずに育てる、悪いところを罰するような躾を重んじる育て方が流行りました。日本は敗戦国としてアメリカの占領下にあり、古くからの日本の習慣だけでなく日本そのものが否定されるような時代でした。「抱き癖がつく」という言葉はその頃に生まれたようです。

赤ちゃんは抱いてほしいから泣くのに、抱いてはいけないと言われたお母さんたちは、とても切なくて、悲しかったと聞いています（抱き癖に関しては、最近でもまだ信じている方がいます）。その混乱した時代に生まれ育った私たちは、親になったときに何を信じていいのかわからずに、自信がないまま子育てをしてきました。そしていま、私たちが育てた子どもたちが親になる時代になりました。彼らの中で、わが子を抱きしめて「かわいいいね〜」と頰ずりをしながら育てる余裕のある人はどれほどいるのでしょうか……。

もう一つ、心のあり方や日々の過ごし方も変わってきています。

「楽しいね〜、楽しかったね〜」と言って何かを終えることがどれほどありますか？

あなたは優劣や勝敗にこだわっていませんか？

子どもとトランプやゲームをしても、負けるとすねてしまったり、子ども同士でケンカがはじまったりして、結局、子どもを怒ってしまうので、いつもつまらないのですというお母さんがいました。ゲームの勝敗にこだわるよりも、一緒に遊べることがうれしくて楽しいのだということを伝えてくださいとお話ししたことがあります。

右のケースでは、同じことの繰り返しにお母さん自身がうんざりしていたのです。でも、彼女は私の言葉で大切なことに気づかれたようです。それからも子どもとゲームなどをするたびにケンカは何度か繰り返されたそうですが、彼女は子どもたちに振り回されなくなり、以前のようにどなることがなくなったので、自分自身もいつの間にか楽しく遊べるようになったそうです。

外出をするときや忙しいときにかぎって、子どもがすねて、不愉快な態度をとるのでいやになりますという相談もあります。そういうときに子どもがすねるのは、お母さんの気持ちがほかにいってしまっているので、自分を見ていてほしい、かまってほしいと訴えているのです。

つまり、お母さん大好きというサインなのです。「お母さんは愛されているのです。かわいいわね〜」とお伝えすると、ほとんどのお母さんは「そんなの困ります」と言いつつも、うれしそうでした。子どもたちはお母さんの笑顔と愛を求めているのです。

ところで、子どもにとって習い事や塾は、大人とのかかわりの場です。そこではテストや発表会もあり、技術の習得の度合いや正確さ、速さ、また記憶力の優秀さが求められます。

習い事や塾などの場では、「思いやり」や「やさしさ」などの大切な人間的価値は教えられません。お母さんが「思いやりのある、やさしい子に育ってほしい」と願うとき、そのやさしさを教えるのは、だれでしょうか？

子どもは大人を模倣しながら育ちます。親の仕草を真似ながらいろいろなことができるようになるのです。ですから、いちばん身近な親が見本を示さなければ、子どもは何も学べないのです。

育児は育自、自分育てなのです。

結局、お母さんが変わらなくては、いまの状況を変えることはできないのです。性格は変えられないという言葉もありますが、性格を変えるのではなく、本来のあなた自身に戻ることをおすすめします。よりよい人生を送るため、あなたの努力に値するものを得るのです。私たちはいつでも、愛を選べるのです。

子どもたちは、あなた自身を「育てなおす」上で、それに協力するためにも生まれてきてくれたのです。

ですから、愛と勇気を持って、いま、この瞬間からあなたを愛で包み、育てなおしてみませんか?

あなたの考え方が変わらなくては、何も変わりません。

赤ちゃんは愛のメッセンジャー

この項では、出産〜育児を経験して、愛や本来の自分自身に気がついた方の実例をご紹介したいと思います。

〈愛着障がいのEさんのケース〉

Eさんは、自分が「愛の存在」であると魂のどこかでわかっていた記憶があります。

両親を助けて、バラバラな家族をつなげることに使命を感じ、みんなに愛を伝えたいと思って生まれてきました。でも、Eさんが生まれたのは、彼女が知っている愛とはかけ離れた家族の下でした。

Eさんの挫折は胎内にいるときからすでにはじまっていました。しかも生まれてからは、責めあう父と母の間でどうしたらよいのかわからずに、いたたまれない気持ちになっていました。せっかく生まれてきたのに、両親のケンカは収まるどころか、ひどくなるばかりでした。家族の言動には愛はなく、ただ世間の目や体裁を気にするばかりの窮屈な環境の中で、彼女はありのままの自分を表現することからどんどん離れていきました。

人の心を見抜くことに長《た》けていたEさんは、平気で嘘をついたり損得だけを考えている人が両親の周りに集まっていたことがわかってしまったので、だれにも心をゆるさず、大人たちになつくことができませんでした。

当時、Eさんがどんな想いを抱いていたか、彼女の言葉を紹介してみます。

「小さいときから独りぼっちでたくさんの涙を流しました。

悲しくて泣いていると怒られたし、抱きしめてほしくても抱きしめてくれる手はなかった。

そんな独りぼっちの私の唯一の理解者はそばにいてくれた犬であり、猫であり、小鳥たちでした。

あのときの独りぼっちの感覚はいまだに覚えています。

独りぼっちで悲しくて、切なくて、でも、私は伝えたかった。

ぱぱ、まま、みんなだいじなんだよ。

だいじじゃないひとなんていない……

けんかはしちゃだめ。

なかよくしよう、かぞくはなかよしがいい……

自分が知っている愛の世界を伝えようと
私は言葉で、自分がいることで
精いっぱい伝えようとしてきました」

Eさんは、貴い使命感や誇りゆえに、一生懸命にがんばったのです。しかし幼い彼女には家族を救うことは難しく、家族はいつしか互いを責め争い、互いに傷つけあうことが日常になってしまいました。Ｅさんは挫折感と大きな傷を抱え、家族を救えなかったという無力感を抱きながら大人になりました。

愛を知りながらそれを伝えられないもどかしさ、愛を感じることができない世界で過ごすことへの失望は、彼女にとってとても大きなものでした。

それでもＥさんがその失望や生きづらさに負けることなく、なお何かを求めて生きてきたのは、大切なことを思い出すためであり、本来のメッセージを伝える役割をどこかで覚えていたからなのです。

その後、成長したＥさんは結婚し、そして長男のＦ君を授かりました。

ＥさんがＦくんの心の傷に気づいたのは、彼が５歳のときに発した次の言葉によってでした。

「まま、どうしてぼくだけおこられるの？　ぼくは、ぼくがいままでともだちにされてきたことをしただけなのに。どうしてＧちゃんはおこられないのにぼくだけおこられるの……？」

それは、子育てサークル活動でのできごとでした。

「今日のＦ君、ちょっとひどかったよ。Ｇちゃんの作った作品をわざと壊したの。

だからちょっときつめに怒ったから」とその日のお当番のお母さんから、会の解散時に言われたとき、Eさんの頭の中は真っ白になりました。

どうして、そんなことをしたんだろう……。

長男は、いつもやさしくてまじめで、自慢の息子だったので、そのようなことをする子だとは思ってもみませんでした。

家に戻ってから、「どうしてGちゃんの作品を壊したの？」と聞いたところ、「どうして僕だけおこられるの……？」とF君が心中を漏らしたわけです。

そのとき、Eさんはハッとしました。

確かにそうだったのです。

じつは、そのグループの中でいちばん力が強くてリーダー格のG君にF君はバカにされたり、ちょっかいを出されたり、ときには一方的に叩かれたりしていました。

以前からG君のお母さんは、息子の乱暴な部分を気にして、周りのお母さんに相談をしていたので、みんなで協力をしながら、少しでもよい方向にもっていきたいと見守っていたのです。

ですからEさんは、自分の息子がいじめられても、G君のお母さんの立場を考えて、G君をかばうような発言を繰り返していたのです。幼いF君にとって、それがどれほど理不尽なことにうつっていたことでしょう。

Ｆ君が「Ｇ君にやられた……」と言ってくると「どうしてそれぐらいのことでやられちゃうの？　いやだったら、自分でやり返しなさい」

「きっとＧ君は心がさびしかったんだよ。だから仕方なかったんじゃないの」などとＥさんは長男に教え、諭《さと》してきたのです。

また当時のＥさんは、長男がいつもやられてしまう側であることを不甲斐《ふがい》なく思い、イライラしていました。

男の子なんだからもっと強くなってほしいと無理やり空手を習わせたり、周りにも鍛えてもらうことをお願いしたりしていました。

心やさしくて、たたかうことを望まないＦ君が泣きながら「Ｇ君にやられた」と訴えたのです。ところがＥさんは、それを「改善すべき弱さ」と思ってしまったのです。

いじめに耐えかねた彼が、やっとの思いで発したＳＯＳのサインだったのに、それを「改善すべき弱さ」と思って、息子の信頼を裏切ってしまったのでした。

「その間の出来事を思い起こすと、どれほどつらい思いをしてきたのか……、私がどれほど彼のことを裏切ってきたのか、いまでも胸が痛くなります。心やさしい彼にハッパをかけて、がんばらせてきた浅はかな自分が情けないのです」とEさんは悔やみました。

　Eさんは、その1年前に池川先生のご紹介で私の元にいらっしゃいました。彼女自身の生きづらさや子育てについてのカウンセリングを定期的に受けるようになり、その積み重ねもあって、息子からのSOSにやっと気がつくことができたのだと思います。

　セッションが進んだある日、Eさんはこんなことを言いました。

「みどりさんと出会ったのは、自分が抱えている生きづらい部分を解消したいという思いがきっかけでした。私自身、機能不全家族で育ち、親との間に健全な愛着関係が築けず、アダルト・チルドレンであるという認識を持っていました。

　死にたいほどの生きづらさを抱えながら、子どもたちを育てていくのは限界でした。うつの症状と、ぜんそくもあり、心も体もボロボロだったときです」

　彼女のご両親も、それぞれの立場で一生懸命に彼女を育てました。子どもの教育に対しても熱心でしたが、躾という名のもとにEさんが受けたのは折檻《せっかん》でした。それは虐待でした。物心ついたときから泣くことや親に甘えることができなかったEさんは、両親から愛情を感じることができず、心には何をもってしても埋められないような大きな穴があいてしまっているようでした。

がんばり屋のEさんは、自らの存在を認められたい、周りからの信頼を得たいと念じ、優等生であり続けるために、これでもかこれでもかと必死に自らを奮い立たせてきました。

小学校時代の担任の先生の影響もあって、教職につきました。無意識に心の空白を埋めなければならない……というような飢餓感があったのでしょう。教職に就いてからは、人を教え育むという仕事にのめり込んでいったのです。

とくに軽度の発達障がい児のクラスを担当したときには、彼らが見せる一瞬の成長に感動をして、自分のことのようにうれしくてよろこびました。保護者や仕事仲間との語らいの中で次なるビジョンを描きながら、忙しくても充実した時間を持っていました。

結婚をしてからは、自分たちの子どもを育てる！　という夢と希望を持ち、半年後にめでたく最初の妊娠をします。しかし初期流産という結果になり、未来のすべてを喪《うしな》ってしまったような深い悲しみに覆われました。それでも、なんとか気持ちを奮い立たせて半年後に再び妊娠したのですが、二度目の初期流産となってしまったのです。

ますます深い喪失感に襲われて妊娠を焦るEさんと夫との間に確執が生じてしまいました。また孫をせかす義父母との関係にも耐えられなくなっていきました。さらには彼女自身の愛着障がい（筆者注・後述します）が起因と考えられる飢餓感で自分を追い込み、心身ともに深い喪失状態になってしまったのです。抑うつ傾向が激しくなり、自殺願望や希死念慮に苛《さいな》まれていったのです。生きるのがつらくて死にたいと思っているのに職場では元気なふりをして、子どもたちの前に立たなくてはならないのです。つらさや矛盾を抱えて、夜な夜な「死にたい、死にたい」と一人泣いていたのですが、いちばんつらかったのは、だれにもその心情を伝えることができなかったことでした。

大好きなご両親には心配をかけられず、夫との関係も悪化していたのですが、友人には知られたくなかったのです。

もう子どもができないのでは――恐怖に苛まれる毎日でした。

その後も紆余曲折がありましたが、やっと長男を授かりました。

また流産をしてしまうのではという不安を抱えながらの日々でしたが、無事に長男を抱いたときに、「やっと会えた！」というよろこびに、至福のひと時を迎えました。艱難辛苦《かんなんしんく》を乗り越えてやっと出逢えた大切なわが子だったのですが、最初のうちはどう愛したらよいのかがまったくわからず、出産の翌日から戸惑いが生まれはじめました。

自分のようには育てたくない育ってほしくないという思いが原動力となって、子育ての知識や情報を得ることに夢中になりました。「この子をちゃんと育てなければ」と思えば思うほど、最上の教育を施さなければ、という使命感がプレッシャーになり、育児を楽しむことができず、常に緊張をしていました。

ほかの家庭の躾や赤ちゃんの発育が気になり、自分の理想通りに子どもが成長していかない現実に落胆することがしばしばありました。

F君は、ハイハイの仕方も周りの赤ちゃんと違っていました。成長がゆっくりで、ようやく歩き出したのは1歳半になった頃でした。Eさんは焦りました。運動神経の発達に問題があるのではと悩んで、いろいろなグッズや教育法を探しはじめたのです。

そこで出会ったのが先出の子育てサークルだったのです。その会の方針は、「子どもは子ども同士の関係で育ちあう」をモットーとし、親はそれを見守ることに徹して待つ、というものでしたが、理想の子育てを追い求めるあまりに、誤った判断をしたり、大切なことを見失なったりしていることも多かったのです。

たとえば、G君のことは「力がある」「リーダーシップがある」ととらえられていました。暴力をふるうことについては、「いつか彼がかなわない存在が現れて、やられたときにわかる」というような共通理解を全員が持っていたので、半ば容認されていました。また、F君については、一方的にやられてしまうのは「弱さ」で、いやならやり返したり、いやだと言えるようにならなくてはいけないと言われていたのでした。そして「その弱さをいつか克服していけるといいわね」と、改善すべき点だととらえられていたのです。

Eさんは腑《ふ》に落ちない部分がありながらも、みんなからそう言われるので、息子は意気地がなくてダメなんだと思うようになってしまっていたのです。

その会での保育活動を経て、F君がやっと発した「なんでぼくだけ」というSOSを受けたことで、Eさんは私に相談を持ちかけてきたのです。

「それは弱さではなくて、彼のやさしさゆえのものなのよ」とお伝えしたときに、Eさんは愕然《がくぜん》とされていました。そして「F君が世界でいちばん好きな人はママなの。どんなときにも、いちばんの味方でいてください」とお伝えすると涙があふれ出たのでした。

その後のセッションで、F君が怒りをぶつけたことがありました。

「F君はずっとがんばってきたから、ママにはたくさん言いたいことがあるんだよね。いままで我慢してきたことをママに言っていいよ」と彼に伝えると、これまでに見たこともないような顔をしてEさんを足で何度も蹴ったのです。F君がいままでにそのような表情をしたことは一度もなく、そういう行動をしたこともなかったので、Eさんは本当に驚き、ショックを受けていました。私はF君に、暴力で表現しないで、気持ちを言葉で言おうと伝えました。

「わかったでしょう。これだけの思いを6歳のF君は抱えて、それでも一生懸命にがんばってきたのよ」

私の言葉にEさんは茫然《ぼうぜん》と立ちすくんでいましたが、しばらくすると私の言葉が腑に落ちたようで、F君にこれまでのことを謝りました。

Eさんは後に「私はこの子の母親なのに何もわかっていなかった……ごめんなさい！『F君、ママはこれからきみの味方になるからね、約束するから……』とみどりさんが言ってくださったことで、自分を取り戻しました。そして、いちばんの味方になると誓ったのです」と言われました。

「自分の子育ての歴史を振り返ると、悔いを感じることが多々ありますが、『私たちは育てられたように育つのです。そして自分が育てられたように育てるのです。あなたは知らなかっただけなの。そのときはわからなかっただけ。でも一生懸命にがんばっていたのよ。だから、気がついたときから、いまから変えていけばいいの』とみどりさんが伝えてくださった言葉で何度も救われてきました。私はまだまだでこぼこです。でも、いま、とても幸せです」

Eさんご自身が、自らの生きづらさや内面の問題を認めることで、大きな変化が起こりました。

Eさんは、ご自身の成育歴を不幸な歴史と思い込んでいました。でも、その歴史こそ愛に気づくためにあり、愛を知るためにあったのだと思えるようになりました。自分自身も勇敢な魂であること、そして使命感や誇りゆえに苦しんできたことがわかりました。

長年の親子関係のもつれから素直に受け入れることができずにいた両親をいままでは「大好き」と言えるようになりました。また、個性豊かな子どもたちの、ありのままの姿も大好きになりました。

お互いに紆余曲折を乗り越えてきたご主人の賢明なサポートなしにはここまでたどりつけなかったことにも気がついて、心から夫に感謝をしています。

Eさんは、いくつもの困難を乗り越えて、あらためて、愛を知りました。

人によって傷ついた心は
人によって癒されるのです
その人の存在を裁くことなく
ありのままに受け入れること
その人の生きる力を信じること
そのような愛の在り方が
人の心を癒し
自分が愛の存在であることを思い出させるのです

もう一度、繰り返します。

子育ては、自分自身の育てなおしのチャンスでもあるのです。

子どもたちは、生きづらさをたくさん抱えた親を助けにきてくれたのです。

命の誕生には、たくさんの物語があり、赤ちゃんは自分にかかわるすべての人への愛のメッセージを携えてきてくれるのです。

それでは、ありのままの自分を受け入れることの大切さの実例をご紹介します。

〈Iさんのケース〉

あなたも経験があるかもしれません。人は何か予期しないことが起こったとき、「なぜ……!?」「まさかこんなことが起こるとは……」と激しく動揺をしたり、理由をさがしたり……多くの人はすぐに認めることができません。

Iさんの場合は、その「まさか」の体験を受け入れて、変わることができたのです。

Iさんは、結婚をして、そろそろ子どもがほしいと思いはじめた頃、最初の妊娠をしました。ところがよろこびもつかの間……ある日、流産をしてしまいました。

まさか自分が流産をするとは思わなかったので、現実に向き合えず落ち込みましたが、同じ時期に流産をした友人がいたので、「私だけじゃない、悲しいけれどよくあることなんだ」と思い、元気になりました。

その流産をきっかけに、友達から本を借りて池川クリニックの存在を知りました。

池川クリニックは、お腹の中の赤ちゃんに記憶があるという「胎内記憶」の日本における第一人者・池川明先生のクリニックです。池川先生は、「赤ちゃんは親を選んで生まれてくる」という趣旨の本を何冊も出版されている方です。Ｉさんは、次回は、赤ちゃんのことを第一に考えてくれるこのクリニックで産みたいと思っていました。

しばらくして、Ｉさんは体調の変化に気がつきました。

池川クリニックのことが気になりながらも、通院を考えて近くの病院で受診をしました。妊娠がわかった途端にまた流産をしてしまうのではないかと不安で不安でたまらなくなってしまったのです。

安定期にはいってからも、不安定な心理状態が続きました。もともとパニック障がいを抱えていたことも拍車をかけました……。「でもパニックを持ちながらだって、出産している人はいるんだし、私も大丈夫だ」Ｉさんはそう自分に言い聞かせて、無理やり自分を納得させていたのです。

再び赤ちゃんを授かったのはうれしくてたまらなかったのですが、楽しい妊婦生活は過ごせていませんでした。心の中は不安で一杯でした。気分転換に外出をしても少し歩くとお腹が張ってしまうので、余計に心配になり、不安が増してしまうので、極力外出を避けるようになってしまったのです。

一方、夫は2人で一緒に楽しく出掛けたいという性格の人でしたので、いつも口論が絶えませんでした。

後になって些細なことでケンカをしていたことだと理解ができましたが、当時は、そのような夫との関係がいやで、なんとかしなければと夫をコントロールすることばかり考えていました。そして自分の思い通りにならないと怒ってしまう……の繰り返しでした。

また、お腹の赤ちゃんに対しても、決してよい感情ばかりを持っていたわけではありません。胎動を感じる前は、「お腹の中にエイリアンがいるみたい」などと考えたり、幸せとは程遠い感情を持ったりすることもあり、妊娠期間だけ我慢すればいいのだ、出産をすればすべて解決する――そう自分に言い聞かせながら過ごしていましたが、不安が消えることはありませんでした。

さて、不安の塊のような日々でしたが、出産日はどんどん近づいてきました。

予定日に病院に行くと、「まだ生まれそうにないですね。きっと安産ですよ。元気に動いています」と、主治医のお墨つきをいただきました。モニターにも赤ちゃんの元気な姿がうつっていました。

ところが、予定日から5日後の夜になって、「胎動がないような気がする……」とまたまた不安になってきました。

Ｉさんの夫は仕事も忙しくて、妊娠・出産中も積極的にかかわってはいませんでしたが、そのときは友達に電話で尋ねてくれて、「出産間際になると動かなくなるらしいから大丈夫みたいだよ」と伝えてくれたのです。

Ｉさんは「そうなのかしら……」と思いつつも、気がかりなのでネットでいろいろ調べました。「一応、病院行くこと」という情報が気になったので、「とりあえず行ってみようか」と夫と病院に向かったのでした。とてものん気なようですが、知らない・わからないとはそういうものなのです。

助産師さんは「念のために、診てみましょうね」と、診察をしてくれましたが、だんだん様子がおかしくなっていったので、不安は増していきました。そして「あれ？　動いていない……」と言われました。

「機械が故障しているようなので、少々お待ちくださいね」と告げられました。

そのとき、大きな不安が襲ってきました。

主治医も駆けつけて慎重に診察をして……、そして「心拍が止まっています」と伝えられたのです……！

以下Iさん談です。

「え？」どういうこと？　信じられない……。そう思いつつ、でももう一人冷静な自分がいて、「やっぱり、こうなってしまったのか」とも考えていました。

出産が間近になったころ、死産に関する記事を読んだり、胎児のお葬式の様子を伝える記事を読む機会があったので、言葉には出しませんでしたが、内心ではとても怖がっていたのです。

「まさか死産ってことないよね……。私に限ってそんなことは起こるはずがない！」そう自分に言い聞かせながら、なんとなく予感をしていたような気がしたのです。

「どうしたらいいの……」と、呆然としながら、途方に暮れていました。とてもつらかったのですが、すでに亡くなっているとはいえ、お腹の赤ちゃんを出産しないといけません。

以前本で読んだ池川先生に連絡をしました。

池川先生は、ていねいに話を聞いてくださって、たいわ士のみどりさんにすぐ連絡をとってくれたのです。

そして、みどりさんを通じて、死んだ赤ちゃんのメッセージを聞いたのです。「なぜお空に還ってしまったのか？」を自ら説明する赤ちゃんのメッセージを聞きました。理由を聞いて、納得できましたが、悲しくて悲しくてたまりませんでした。泣いて泣いて……夫と一緒に泣きました。

なんで私だけこうなの？

なんで赤ちゃんを産めないの？

悲しくて悲しくて……ひたすら悲しかったのです！

みどりさんの「産めますよ、あなたが赤ちゃんを産むのです」という言葉を支えに覚悟を決めて、陣痛促進剤をうってもらい、出産をしました。

安産でした。

あのとき、池川先生にご相談をして本当によかったと思いました。

息をしていないのが信じられないほど、かわいい男の子が生まれてきてくれたのでした！（Ｉさん談）

ところが出産後のＩさんは、出歩くのがとてもいやで、どんどんつらくなってしまったのです。

外出をするとご近所の方に会ってしまいます。妊婦姿のIさんを知っているので、「あら？　赤ちゃんは？」と訊かれてしまうのです……。悪気がないことがわかっていても、悲しくて、悲しくて……、家に帰ってからひっそりと泣き、泣いても、泣いても涙が尽きませんでした。悲しくて、悲しくて……、Iさんはいつも泣いていました。

しばらくして少し落ち着いてきたIさんは、赤ちゃんからのメッセージを思い出す余裕が出てきて、考えちがいをしていたことに気づくようになりました。

妊娠をしてから出産がゴールになっていて、赤ちゃんを育てているイメージがまったくなかったのです。再び赤ちゃんを授かるためには、変わらなければならないと思いました。

それまでIさんは「いままでがんばってきたのね。でも無理にがんばらなくてもいいのよ」と私がお伝えした言葉の意味がよくわかりませんでした。いつも「がんばろう、がんばらなくては」と口癖のように言っていたので、がんばることが当たり前だったのです。

むしろ、がんばっても、がんばっても結果がでないので、もっともっとがんばらなくてはダメだと、ありのままの自分を認められず、常に無理ながんばりを続けていたのです。

そして、がんばらないと、もっとダメな自分になってしまうのではないかと思っていたのです。

本心で望むことを、楽しみながら自分のためにすればよかったのですが、自分ところが、その考え方やがんばり方のポイントがちがっていたのです。

いう存在を無視して、世間体や周りのためにがんばっていたのです。普段、生きているることだけでもがんばっているのだから、したくないことや人のために無理にがんばる必要はないのです。

ですから「自分のしたいことをしなさい」と言われても、自分が本当は何を望んでいるのかなどと考えたことのないＩさんは、自分自身が何をしたいのかもわからなくなっていたのです。

また、夫をコントロールして、思い通りに言うことをきかせたいということは、子どもをコントロールすることにもつながるので、止めていかなくてはなりません。課題は山積みでしたが、一つずつ実践をしながら少しずつ自信がついてきた頃に、ついに待望の妊娠をしたのです。

「今回の妊娠期間は笑顔で過ごそう。夫と仲よくして、一緒に過ごすことが大切なんだ♪」そう思いました。やがて少しずつですが努力の成果があらわれて、不安な気持ちはだいぶおさまってきました。

今回は絶対に赤ちゃんを育てられると信じていても、それでも出産は心配でした。たまにどうしようもないくらい、不安が襲ってきます。「不安なことを考えるとダメ」と思うと、不安はどんどん増していきました。考えてはいけないと思うと余計に考えてしまうので、私は「不安な感情を認めてみてね」とお話しし、自分自身の感情を認めることの大切さをお伝えしました。

「不安なんだね」と自分に問いかけ、「そうなの不安なの。そう不安なんだよ。不安だから……仕方ないよ」と自分で答えるのです。

また、自分の気持ちに寄り添うことの大切さや、意識をほかに向けるために何かちがう行動をしてみることも提案してみました。最初は、よく意味がわからなかったIさんでしたが、できることから実際に行動に移してみると、だんだんと不安がやわらいでいきました。

そしてついに、「これから池川クリニックに行きます」と連絡を受けて私もクリニックへ駆けつけました。Iさんの夫と一緒に、笑顔で赤ちゃんを迎えたのです。陣痛の痛みよりもよろこびが勝った、最高の出産を経験したのです。

池川先生もよろこんでくださいました。助産師さんからも「いままで経験したことのないほどの、何ひとつ不安のないとてもいいお産でしたね」と言われるくらい、素晴らしいお産でした。

本当にがんばりました。そして、努力の結果、やっと赤ちゃんを抱きしめることができて「ありがとう」とうれし涙を流しながら、皆で泣きました。

あれから3年が経とうとしています。ときには怒ってしまうこともありますが、毎日「かわいいね、大好きだよ」と言いながらIさんは子育てをしています。

最初の子も育てたかったし、死産という悲しい出来事は経験しないほうがよかったと思いますが、その出来事があったからこそ、Iさんは大切なことに気づくことができたのです。心から娘をかわいいと思い、楽しみながら子育てをしています。そして、天使になったわが子が「ママよかったね」と笑顔でいつも見守ってくれていると思いながら幸せな日々を過ごしています。

〈Mさんのケース〉

次は、Mさんのお話です。

Mさんは、3年前に長女のLちゃんが生まれたことをきっかけにして「愛すること」を学び、大きく変わることができたのです。

Mさんのそれまでの生き方は、1に努力、2に努力、3、4も努力で、5はもっと努力しなくてはいけない。と、努力なくしては成功や幸せは手に入らない。またいい子やいい人でなければ受け入れられないと思い込んでいました。

子どもの頃からずっと母親に「Mちゃんがんばってね」「いい子にしててね」と言われていたのがその原因だったのです。

どんなことでも「必死に努力をして」がんばって生きてきました。そういう自分自身が好きだったのです。努力をすればするほど、結果や成果が手に入れられるので、よろこびもたくさんありました。

いまのMさんは、当時を振り返えるたびに思うことがあります。

もしも、あの頃のMさんに、だれかが、「あなたはあなたのまま、ありのままのあなたでいいのよ。失敗してもいい、無理に努力をしなくてもいいの。ただあなたがそこにいるだけで素晴らしい存在なのよ」

という〝愛の言葉〟を教えてくれていたらうれしかった……。

本当は、母親にこの言葉を言ってほしかったのです。

どれだけ気持ちが楽になり、心や体が安まったことでしょう……。

そしてMさん自身をしっかりと抱きしめ「そんなにがんばらなくって大丈夫よ。

あなたは十分に素晴らしいわ」と伝えてもらえたなら……。

この言葉は、一生懸命にがんばっている人にこそ伝えたい〝愛の言葉〟だと思うのです。


ところで……Mさんは、結婚後も仕事を続けていました。そして、家庭も仕事も軌道に乗った頃に妊娠をしました。

妊娠が判明した当初、Mさんは出産という命にかかわることであっても「すべて自分の思い通り」にすることばかり考えていました。自然分娩がよいと聞いていたので、自然分娩でパーフェクトに出産をして、その後すぐに仕事に復帰したい――年齢や現実を顧みることなく、そう考えていたのです。そのためには、難産にならないようにと心がけて、妊娠中の体調管理には万全を尽くしていました。

出産には池川クリニックを選びました。胎児とのコミュニケーションを大切にし、赤ちゃんがどう感じているのかを考えながら出産を行うというクリニックの方針に感動したのと、出産後には「たいわ士」が赤ちゃんのメッセージを伝えてくれるというのも魅力的でした。

素晴らしいクリニックでの出産が決まり、Mさんは、よりよいお産にむけて努力をしました。

努力をすれば手に入れることができると学んできたMさんは、出産という命にかかわることであっても「すべて自分の思い通り」にすることばかりを考えていました。それに努力をしなければいい出産はできないと思い込んでいたのです。

自然分娩について書かれている本を何冊も読んで、妊娠中の体調管理には万全を尽くしました。胎児とのコミュニケーションが大事だと聞いて、赤ちゃんへの話しかけも毎日たくさんしました。

知識を頭につめ込んで、本に書かれたことを一生懸命にやってみる。丸暗記の受験勉強のような妊娠期間を送っていたのです。「ああして、こうして、ここまでがんばったんだから大丈夫……」と自分に言い聞かせていました。

ところが、体調万全で、何の問題もないはずだった出産直前になって、「逆子のために帝王切開での出産になる」という、彼女にとっては信じられないことが起きました。

「こんなにがんばっているのに……まさか……」「自分に限ってそんなことが起こるはずはない……」と焦りました。

お腹の赤ちゃんに「下を向くんだよ。回るんだよ〜」と毎日話しかけました。

それでも状況は変わりませんでした。赤ちゃんには言いませんでしたが、「なぜだろう」「なんで、下を向いてくれないんだろう……」と不満に思っていました。

Mさんがしていたのは、愛のあるコミュニケーションとはかけ離れたコントロールでした。

いろいろな方法で、赤ちゃんの頭が下を向くようにとがんばりましたが、状態は変わらず、こんなにがんばったのにダメなんだと、とても落ち込みました。

当時のMさんは、赤ちゃんが元気に生まれてくることよりも、自分がこだわっていた自然分娩で生みたいということばかりを考えていた自分勝手なママだったのです。

いまは「なんで、そんなにこだわっていたんだろうね……」と笑って言えますが、以前は生き方のすべてがそうだったのですから、気がつくわけもありませんでした。

彼女には、胎児が逆子であるという現実を、受け入れることができませんでした。自然分娩がベストであるならば、どうしてもその方法で産みたい――「こうでなければならない」という思い込みが強かったのです。あんなにたくさんしたお腹の赤ちゃんへの話しかけなども、ある意味、「こうであってほしい」という願望の押しつけだったとも言えます。

Mさんは、もうじき3歳になるLちゃんに「あのときはごめんね。ママはわからなくてひどいことをしちゃったね」と謝りました。Lちゃんは「いいよ」とゆるしてくれましたが、お腹の中にいたときのこと、いわゆる胎内記憶についてはあまり話したがりません。胎内にいたとき、Lちゃんは「悲しかった」のだそうです……。

話を戻します。

出産後のMさんは、現実というものがもっともっとうまくいかないことの連続であることに気づきました。

母子同室なのに、お腹のキズが痛くて、起き上がれず、赤ちゃんを抱くことすらできません。横に置かれたわが子をみても、ただ眺めているのが精いっぱいな自分が情けなく思えました。帝王切開のために転院した総合病院でしたが、自然分娩が90%以上であると聞き、周りのママたちと比べては、敗北感や挫折感を感じていました。

退院してからは、子どもが泣いていれば「なんで泣いてばかりいるのだろう……」、寝なければ「なんで寝ないんだろう……」と真剣に悩み、不満に思い、自分の思い通りにならないことで、苛立《いらだ》ち、落ち込みました。

そして、これまでの人生でためこんできた「悲しみ」や「苦しみ」や「つらさ」

が、すべて「怒り」となって噴き出し爆発しました。それがまた情けなくて、苛立ち……怒り……の繰り返しでした。

つらいのに、だれにも助けてとは言えずに苦しみました。

弱音を吐けず、つらくて、いろいろなことが不安なのに、それもごまかしていました。

「みんなやっていることだし、がんばらなきゃ。これくらい大丈夫」と自分に言い聞かせていましたが、本当は心が傷ついてボロボロになっていたのです。

そもそも、完璧主義のMさんは「子育てがうまくできない」ということ自体、認めたくありませんでした。だから「育児がつらくて困っています」なんてだれにも言えるわけがなかったのです。

（心も身体もつらいよね〜〜。嫌んなっちゃうよね〜〜とお気楽に考えることができていたら、どんなに楽だったでしょう！　といまのMさんは笑います）

当時のMさんが、唯一相談できるのが私のところだったのです。赤ちゃんの通訳の「たいわ士」になら、自分が困っていると言わなくても、赤ちゃんが何を言っているのか、どう思っているのかを聞くことができると思ったからです。

赤ちゃんからのメッセージは、Mさんが思いもよらないことでした。「ママは愛というものが、どういうものなのかわかっていないの」。帝王切開に関しても「ママは手術になったほうがいいんだよ!」「ママは、全部自分の思い通りになったほうがいいと思っているから、思い通りにならないほうがいいの」ということだったのです。

(いまとなっては笑うしかありませんが、あんなに苦しんだのだからそんなこと言わないでよ~~とショックでした。——Mさん談)

Mさんは、一瞬あぜんとしていましたが、すぐに「まったくわかりません」と答えました。Mさんの思う「愛」は、「自己犠牲の上に成り立っている」もので、「愛」という言葉に嫌悪感すら持っていたのです。

そのときから、愛について学びはじめました。その中で、どんなときにでも、いま感じている感情や思いをごまかさないことが愛を知るための第一歩だということがわかりました。

たとえば「私はあの人が嫌い」と思うことです。それまでは「あの人が嫌い、苦手だ」と思ったとき、そんなふうに思ってしまう自分が情けなかったり、いやだったり、自分を正当化するための理由をいっぱい探さなくてはなりませんでした。

ところがいまのMさんは「私はあの人のことが嫌いなんだ。そうなんだ」とただシンプルに思えるようになりました。感じているのは事実なので仕方がありませんし、ほかの人に悪口を言う必要もなく、嫌いな理由を正当化する必要もなくなりました。

これはどんなことでも同じです。

「へ〜〜そうなんだ〜〜」と思えたら、また「そうなの」と言えれば楽になるのです。

それなのに「こうでなければならない……」という基準や枠組みをいっぱい作って自分自身を苦しめていたのです。

感じていることを否定しないでそのまま認めたり、ゆるしたりすることは「自分を愛する」ことにつながり、とても楽な生き方ができるようになるのです。

「私は私のままでいいんだ」と、思えるようになってきたMさんは、赤ちゃんや子どもは〝ありのまま〟の自分を表現することを思い出させてくれる愛の存在なのだと気がつきました。

悲しいときには泣き、うれしければよろこび笑う。

お腹がすいたら泣き、すいていないときには食べない。

眠たいときには眠り、眠くなければ眠らない。

赤ちゃんは世の中のルールに従うことよりも「私が、私のあるがままでいることが大切だよ」と教えてくれる存在なのです。

これは大人も同じなのです。

何がよくて、何が悪いのか。

何が正しくて、何が正しくないのか。

本当はすべてをわかっているのです。

でも、そんなことがわかってしまったら生きづらいということも知っています。

ところが本当の自分を封印して生きていったほうが楽だということを経験から学んでいるので、世間体や他人の評価が大事だと勘違いをしてしまうのです。成長をする過程で「自分の個性を殺して、当たり障りなく生きていくこと」を身につけていくのです。


「愛」は、裁きません。

どんなときにも私はこれでいいと思えたなら……いい部分も、ダメな部分も、全部、これでいいんだ！　と、いつも自分を愛することができるようになってきたとき、心は安堵《あんど》して生きやすさを感じられるようになるのです。

心から笑えるようになったとき、Mさん自身の個性を認めることができました。

そして自分を大切にすることをはじめました。

ただでさえ、がんばり屋さんなのだから、これ以上がんばらなくていいよ。もっと楽に生きることを自分にゆるそうと思いました。

人に認めてもらうことよりも、自分を「認めて」「ゆるして」「愛する」ことがなによりも大切だということもわかりました。


ところで最近、Mさんは些細なことでイライラして怒ってしまいました。すると、「もっとやさしくして」とLちゃんに言われたのです。

「ママはね、疲れていたり、忙しくてイライラすると、怒っちゃうんだ。ごめんね。ママ、イライラしないようにするね」と言いました。

すると「イライラしてもいいよ」と、Lちゃんが言うのです。

Lちゃんは「やさしくしてほしい」のであって、「イライラしないで！」とは思っていなかったのです！　素晴らしいですよね♪

Mさん自身が「イライラしてはいけない」と、裁いていただけなのです。

そしてLちゃんは、「ママ、大好き。ママは自分のことを好き?」「パパとママだ~い好き」と言ったのです。

Mさんが「ママも大好きだよ~」と言うと、Lちゃんは「自分のこと好きって言って」と言うので、「ママ、自分のことだ~~い好き」と言うと「そうそう」とよろこび、「もっと、もっと、もっと自分のこと好きになってね。もっとね!」とさらに言ったのです(私も聞いていますす)。Mさんは、Lちゃんが大切なことを教えてくれているのだと気がつきました。

そして「怒ってもいいんだよ♪　何してもいいんだよ♪」「怒ってもいいんだよ~」と繰り返し言っていたそうです。

不思議に思う方もいらっしゃるかもしれませんが、2歳児でも愛を伝えられるのです。これがMさんがLちゃんをかわいがり、大切に育てた結果なのです。

「ありのままの自分をゆるすこと」は、すべての人が生まれながらにしてわかっていることで、人はみな愛の存在なのだと改めて感じました。

生まれたときに持っていた「愛」の感覚をもっともっと思い出したいと思っています。

いままでの私は〈世の中でうまく生きていくために〉つくられた私で、本当の私じゃないんだ〜〜、とわかって安心しました。

あんなにいつもがんばらなければいけなかったのですから、大変でした。

これからは、もっと、かわいい笑顔で、キラキラと輝いて、愛の存在である自分に戻っていきたいと思っています／(^o^)／（Mさん談）

3人の話をお読みになって、いかがでしたか？

3人に共通するのは「一生懸命」「がんばる」「完璧主義者」「他者をコントロールしようとする」……など、たくさんありますが、私のところにご相談にいらっしゃる方の多くが同じような思考をされているのです。

いつも一生懸命にがんばって、うまくいかないときには、もっとがんばって、自分や周りを追いこんでいくのです。そして、いちばん大切にしないといけない人（妻や夫、子ども）に八つ当たりをすることもあります。

もともとがまじめな方たちなので、反省をする気持ちも人一倍あります。

向上心としてはいいのですが、「こうすればよかった！」「もっとがんばれたのでは……」と後悔をすることが多くて、自責の念や罪悪感も強いので、困ったり悩んでしまうのです。

でも、よく考えていただきたいのです。

後悔とは、後になってするものです。

そのときにはわからなかったのですから、成長をしたいまの自分が過去の自分を責めても仕方がないのです。

もし、そのときにわかっていたら、きっと実践していたはずですから……。

ですから、気がついたときから、焦らずにはじめればよいのです……。

3人の方はそう気づいたのです。人のせいや自分のせいにしないで、自分自身の人生に責任を持って言動を楽しみはじめたときから、さまざまなことが少しずつ変化をしていったのです。

問題は、問題だと感じた人が行動に移すところから、解決に向かっていくのです。

あなたの考え方や言動が変われば、すべては変化していくのです。

第2章

ガラス細工の子どもたち

私自身がインディゴ・チルドレンだった

生まれたとき、私は「この人生は失敗だ」と感じました。「早く終わりにして、次の人生をやり直したい」とさえ思ったのを覚えています。

子どもの頃の記憶をたどっていくと、いつも寂しくて孤独で、どこにも居場所がなくて、さまよっていた気がします。そのくせ、根拠もないのに、「私には使命があり、自分は特別な存在だ」と確信していて、自尊心が高かったのです。でも、自分の使命が何かを思い出すことができず、苛立ち、悲しんでいました。

生きるのがしんどくて、生きていけないような感覚もありました。「自分は存在するに値しない」「自分を抹消してしまいたい」「死にたい」などと思っていました。でも、なぜそう思うのかは、わかりませんでした。自分はすべてを知っているはずなのに、肝心のことを思い出せず、悲しくつらい日々を過ごしていました。

両親や周りからは、がんこで一度言い出したらきかない、わがままなトラブルメーカーと言われていました。早熟で変わった子だと思われていたようです。

わかっていることや感じていることを正直に話すと、「子どものくせに生意気だ、一言多い。よけいなことを言うな。嘘をつくな」と、叱られました。

いつの間にか本音を話せなくなってしまいました。だれかといても、たとえ一緒に笑っていても、いつもさみしくて独りぼっち。だから、わかってもらいたい、わかり合える人に出会いたいと必死でした。そして、信じては裏切られることの繰り返し……。

私の気持ちなんかだれにもわからない、わかってたまるかと思いつつ、心のどこかでは、いつかだれかにわかってもらえるはずと信じていました。さみしがり屋の、孤独好きだったのです。

自分も人も愛せずにいましたが、その頃は愛の本質がわかっていなかったのです。そんな事情で、私は子どもの頃から、経験をもとに本が何冊も書けるくらい（と人に言われるくらい）、ずっと波乱万丈の人生を送ってきました。

中でも大きな転機になったのが、当時21歳だった次男を亡くしたことです。その出来事をきっかけに、愛や生きることの意味、そして自分は生かされているのだということを学びました。そして、実体験から学んだことや、ようやく見つけることのできた深い愛をもとに、占い師、気功、整体などの仕事をはじめました。

さらに、胎内記憶について研究し、その中で子育てに関して興味深い提言をなさっている池川明先生と出会ったことで、人生の新しい扉が開きました。

カウンセラー、セラピスト、ヒーラー、胎話士（おなかの赤ちゃんとコミュニケーションをする専門家）、そして「たいわ士」として、「生きづらさ」を感じて苦しんでいる方たちのお手伝いをするようになったのです。

さまざまな方と出会い、子育てのご相談を受けるうちに、私はちょっと「変わった」特徴のある子どもたちがいることに気がつきました。インディゴ・チルドレンと呼ばれる子どもたちです。

また、傷ついていたり、挫折感に苛《さいな》まれたりしている人々の中には、「理解されず、癒されないまま大人になったインディゴ・チルドレン」が多いことにも気づきました。

悩んでいる方の中には、私がかつて経験したような思いを味わっている人たちがたくさんいました。彼らと語りあい、共感しあう場を持てたことは、私にとっても幸運でした。彼らとの対話の中で、私自身がインディゴ・チルドレンであることがわかったのです。

だれかと理解し合い、わかり合えたとき、人は自分自身を認めてゆるし、やさしい涙を流します。それは理屈ではなくて、たましいの叫びであり、よろこびです。

わが子を「宇宙人のよう」だと感じ、当惑している親御さんたちに、私は「ありのままのその子を認めてくださいと、お願いしたいと思います。

そして、なぜかこの世に「なじめない」と感じている人たちに、「同じ苦しみを味わっているのは、あなただけではありません」と、お伝えしたいと思います。

すべての人に、私は伝えたいのです。

「生まれてくれてありがとう。あなたはあなたのままでいい」と。

かつての私は、知識も自信もありませんでした。そのため、すべって転んで、あちこちにぶつかって大怪我をしながら、体当たりの人生を送ってきました。試行錯誤の末に、やっとここまでたどり着いた、というのが実感です。

もちろん、どんなプロセスを歩むにしても、すべての出来事を学びの糧《かて》にすることはできます。その意味で、失敗の人生なんてありません。けれど、あえて苦行やいばらの道を歩かなくても、心の成長をとげることはできるのです。

私は、だれにも私と同じ悲しみや苦しみを味わってほしくありません。

「無条件でかわいがる」ことができない親たち

子育てをしていると、途方に暮れたり後悔したりすることがたくさんあります。

とくに、自分自身が親に理解されなかった経験を持つ人にとっては、子育てはしばしばとても大変な仕事になります。「子どもの心がわかる親になりたい」と望みながらも、傷ついた心をもてあましたまま、わが子にどう接したらいいのかがわからずに、悩んでいる人もたくさんいます。

親から大切にされたり愛された記憶のない人にとっては、自分が愛を経験した記憶がないので、どう表現をしていいのかわからないのです。

子育ては、親が人として育っていく道のりです。わが子を育てながら、親子が人として成長していく過程は、悩んだり困ったりすることの連続かもしれません。わが子を育てることには、よろこびだけでなく、苦難がつきまといます。そのときどきの課題にぶつかり、悩むからこそ成長をするのですが、子どもの個性や特徴によっては、親がとくに「育てにくい」と感じるケースもあります。

自分自身をはっきりと持ち、繊細で独特の感性に恵まれ、自尊心や才能に恵まれている。けれども、こだわりが強くて、自分も他人も傷つけやすい子どもたちが増えてきています。

私は、そんな子どもたちを「ガラス細工の子どもたち」と呼んでいます。

アメリカや、その他の地域で、一部の人たちから「インディゴ・チルドレン」と呼ばれている子どもたち――その多くがガラス細工の子どもたちです。

彼らは、ガラス細工のようにキラキラと輝き、光とたわむれることのできる、すばらしく魅力的な子どもたちです。けれど、繊細であればあるほど接し方に注意が必要です。彼らは、乱暴に接するとすぐに壊れてしまうのです。そして自身が壊れるだけでなく、飛び散った破片で周りの人たちをも傷つけてしまいます。

また、彼らはあえて自らを壊したい衝動に駆られることも多く、自らを壊してしまうこともあるのです。

文明の転換期にある現在、そういった新しいタイプの子どもたちが増えてきています。

彼らを育てるのは、とても難しい仕事です。発達障がい・自閉症スペクトラム、また愛情障がいなどの子どもたちの育て方と同じように、親の思い通りに育てようとすると問題が起こります。

私たちは、彼らを育てるのが難しいという事実を認めた上で、それぞれの子どもに適した育て方を見つけ、実践していかなくてはなりません。人が人を育てる過程では、自己（親）と他者（子ども）が互いを人として承認しながら、長い道のりを歩いていくのが基本です。その上に立って、一人ひとりの子どもに最適なオーダーメイドの育て方を発見していくのです。

さて、現代は情報化社会と呼ばれるわりに、本当に必要とされている知識があまりにも知られていないということを、私は感じています。

もちろん、育児書は世の中にあふれかえっていますし、子どもの個性や特性について書かれた本、また早期教育の必要性をうたうパンフレットの類もふんだんにあります。

けれど、残念なことにそれらの書物には、「ありのままの子どもとどう向き合うか、また彼らの存在を認めて受け入れることを実践し続けること。かわいがりながら育てていく」というごく基本的な視点が、圧倒的に欠けているのです。子育てでいちばん大切な「無条件で子どもをかわいがる」ことを教えてくれる、真に有効な参考書は見当たりません。現在は、身近な人からそれを教えられる機会も少なくなっています。ですから、子どもに対して、「そうだね」と伝えて抱きしめること、子どもの気持ちに寄り添うことのできない人が増えているのです。

子どもたちを「無条件で愛する」という基本的な知識がないがゆえに苦しんでいる人は、たくさんいます。

私のクライアント（ご相談にいらっしゃる方）の中には、「知ってさえいれば、こんなにつらくなかった。私の経験を皆さんに話して、どうか役立ててください」とおっしゃる方が少なくありません。

もう一度、強調しておきます。子育ての基本は、無条件で愛すること、そして子どもたちを人として認め、ありのままの現実（子ども）に向き合うことです。その術《すべ》について考えると、すべての子育てに共通する大切なことがわかってきます。

インディゴ・チルドレンの特徴

アメリカでは、インディゴ・チルドレンに関する本が何冊も出版されています。インディゴ・チルドレンについて最初に言及した本（『インディゴ・チルドレン』リー・キャロル、ジャン・トーバー著　ナチュラルスピリット刊）の原書はずいぶん前に書かれています。とても詳しく書かれていますが、著者がアメリカ人であるために、日本人には当てはまらないところもあるように感じます。

私がこれまでの経験から理解しているインディゴ・チルドレンの特性を、以下にまとめてみました。

＊自尊心が高い。
＊嘘を見抜く能力があり、ごまかしがきかない。
＊根拠はないのに、「知っている」「わかっている」という感覚がある。
＊命、生きること、または死に対して、特別な思いがある。
＊すべてを理解しているかのような、さめた眼をしている。
＊世間一般には、我が強いと思われがちな言動をする。
＊人生の先が見えているような言動をする。
＊戦士のように気性が激しい反面、かぎりなくやさしいという二面性がある。
＊羞恥心《しゅうちしん》が強く、自分の存在そのものを恥と思いがち。
＊何事にも挑戦したがるが、すぐにあきてしまう。
＊直観力が強く、他人の心の変化に繊細に反応する。

これらの特徴に当てはまると感じられたら、あなたのお子さん、またあなた自身もインディゴ・チルドレンかもしれません。

「うちの子は、インディゴだったんだ」

「私って、インディゴなのかもしれない」

そう気づくことで、子育ての難しさ、また自身「生きにくさ」の正体がわかり、肩の力が抜けたという方は、おおぜいいます。

インディゴ・チルドレンは、１９７０年代以降に生まれた子どもの中に多くみられます。

彼らは、いわば「古いしきたりを変えるためにやってきた、個性的な能力を持つ愛と光の戦士」です。

古い世界を変えるというと、破壊的な印象をもたれる方が多いかもしれません。でも、彼らは本当は地球に愛をもたらし、もっと住みやすい星にするという使命を持った、心優しい子どもたちなのです。

もともと、独特の国民性ゆえに、日本人にはずっと昔からインディゴ・チルドレンの気質を持っている人が多いようです。１９５０年代以前に生まれたインディゴ・チルドレンの例を、私はたくさん知っています。

私自身も、そんな典型的な「早くきたインディゴ」です。

「早くきたインディゴ」たちは、後に続くインディゴ・チルドレンを迎える上での基礎固めをする使命を担っていました。そのために、この世に一足先に到着したわけです。彼らは時代に先駆けて生まれたために、その人生においてさまざまな困難に直面してきたケースがほとんどです。

私にも当てはまるのですが、ほとんどの「早くきたインディゴ」には、もっと楽な人生を選べばいいときに、あえてつらい方向に進んでしまう傾向があります。時代を変えることに熱心なあまり、大変な家庭環境を選んで生まれたり、自分から複雑な問題の中に飛び込んだりしてしまうのです。

とはいえ、最近のインディゴ・チルドレンは、先駆けのインディゴ・チルドレンの経験から多くを学んでいるので、以前のように大変な困難の伴う人生を歩むような例は減ってきているようです。戦いを好まないインディゴも生まれてきています。現在のインディゴたちは、より問題の少ない家庭環境を選んで生まれてくるケースが多いのです。穏やかな家庭環境の中にいれば、彼らの気性の激しさもかなり抑えられます。

でも、納得できないことがあると、とくに幼児期には2時間でも3時間でも泣き続けるような激しさがインディゴ・チルドレンの特徴です。親は、その激しさを「我が強い子」「理解できない、育てにくい子」と感じてしまうのです。親に理解されないために、インディゴ・チルドレンたちが引き起こすトラブルは後を絶ちません。

新しいタイプの子どもたちの登場

１９９０年代前半からは、従来のインディゴ・チルドレンの特徴には当てはまらない、「クリスタル・チルドレン」と呼ばれる別のタイプの子どもたちが生まれはじめました。

クリスタル・チルドレンは、インディゴ・チルドレンが準備した新しい世界に降り立ち、人類が向かっていく方向を示してくれます。彼らは、愛が大事だということや、争いからは何も生まれないことを伝えにきてくれたのです。クリスタル・チルドレンたちは他人の気持ちを理解する能力が高く、やさしくて、争いごとに耐えられません。愛の尊さを伝えるのが役割ですから、彼らは人には寛大で、思いやりを示します。

もっとも、インディゴ・チルドレンの中にも戦いが嫌いな子や、戦うことを放棄した子がいます。彼らは、戦争や動物虐待などの話を聞くとつらくてたまらなくなります。クリスタル・チルドレンの場合は、さらに思いやりの心が深く、自分が犠牲になっても争いを止めたいと思ってしまうようです。

クリスタル・チルドレンは、すべてを見すかすような、大きくて澄んだ瞳をしています。このタイプの子どもたちを育てるときは、愛や時間を十分にかけて育てていただく必要があります。

クリスタル・チルドレンは、愛にあふれた子どもたちであるだけに、独特の繊細さを持っています。心やさしい子どもたちなので、世の中に怒り、悲しみ、嫉妬といった感情が渦巻いていることに、深く傷ついてしまうのです。

最近になって私は、「愛」という栄養が不足しているがゆえに問題を抱えてしまったクリスタル・チルドレンの相談を受けることが増えてきました。おとなの矛盾や自分に注がれる愛の欠如に、インディゴ・チルドレンは激しく反発します。でも、クリスタル・チルドレンの場合は、反抗する以前に自分で自分を傷つけてしまうことが多いのです。

とくに、お母さんがクリスタル・チルドレンの優しさに頼りきってしまうとき、いろいろな問題が生じます。お母さんが夫に向けるべき愛を子どもに向け、「私をわかって」と過剰に期待し続けると、クリスタル・チルドレンはその重荷に押しつぶされてしまいます。そうした事例は、とくに女の子に多いようです。

また、心の中に深いさみしさを抱えたクリスタル・チルドレンは、愛の表現の仕方がわからなくなり、思春期になると性的な問題行動を起こすこともあります。もともと「惜しみなく愛を与えたい」子どもたちなので、交際相手に「愛しているなら」と性交渉を迫られると、拒否することに自責の念を覚えたり、また相手に嫌われたくなくて、結果的に安易に関係を持ってしまいがちです。

そのような性的な問題を抱えているクリスタル・チルドレンに対しては、私は「命の大切さ」について語ります。

「いい子いい子って撫《な》でてもらうと、うれしいよね。大好きな人だったら、もっとうれしいよね。でも、Ｈをすると妊娠するかもしれないということよ。いまのあなたに赤ちゃんの世話はできる？　愛するというのは、自分や人を大切にすることよ。子どもを産んで親になるということは、覚悟と責任を持つということで、愛には責任が伴うの」。そう諭すと、クリスタル・チルドレンはすぐに理解してくれます。

また、理解してもらえないときには、彼らが理解ができるような言葉を選んで正直に話すことが大切です。

クリスタル・チルドレンは、愛に敏感であるがゆえに、愛されることを必要としているのです。そんな子どもを授かった親御さんは、どうか毎日でもギュッと抱きしめ、「愛している」と伝えてほしいのです。

また、最近では、「レインボー・チルドレン」と呼ばれる子どもたちも生まれています。レインボー・チルドレンは、癒されたクリスタル・チルドレンを両親とし、初めて地球に生まれてくる子どもたちです。

愛に満ちあふれていて、光り輝く存在です。穏やかでいつもにこにこしていて、ピュアで透明、キラキラとした虹色の光のベールを全身にまとっているような子どもです。

レインボー・チルドレンは、近年少しずつ生まれてきていますが、癒されたクリスタル・チルドレン同士が結婚をして、幸せな家庭を築き、愛に満ちあふれる子育てをしているのを私は知りません……。とても残念ですが、これからの課題だと思います。

以上、スターチャイルドなどとも呼ばれている「新しいタイプの子どもたちが生まれている」という現実を知っていただくために説明しましたが、細かい分類にはこだわらなくていいと思います。インディゴ・チルドレンにしてもクリスタル・チルドレンにしても、定義が確立されているわけではありませんし、「うちの子は、インディゴ？　クリスタル？　それともちがう？」なんて頭を悩ますことには、ほとんど意味がありません。たましいのおもとは皆一緒で、現状をわかりやすく解説するために、いろいろな人がさまざまな分類をしているだけなのです。

大切なのは、いまのしきたりになじめない子どもが生まれてきていること、そして、親はそういう子どもの特性を認めて受け入れる必要がある、ということなのです。

『宇宙チルドレン』が出版されてから、「私はインディゴですか?」「うちの子はインディゴと言われたのですが本当ですか?」というご質問をいただくことが増えました。

ご本人が自らについて尋ねてこれらる場合は、「あなたはどう思うのですか?どう感じているのか、それが大切です。あなたの感覚が正しいのです」とお答えしています。また、お子さんに対するご質問をされる方には、多くの場合、「インディゴかどうかということよりも、あなたがお子さんの現実を認めて、受け入れて、ありのままのわが子を愛して育てていくことが大切です」とお答えしています。

病院などでわが子を「発達障がい」と診断された親御さんが、障がいなどではなくインディゴであってほしいと願い、そこに救いを求めるケースも少なくありません。

たとえわが子がインディゴとわかっても、「インディゴだから（ある意味）仕方がない」とあきらめて、子育てを放棄する言い訳にしたり、その子の将来に無責任になることの理由にしてほしくないのです。

わが子が「発達障がい」であるか「インディゴ」であるかなどと考え込むことに

はまったく意味がありません。

「発達障がい」であろうと「インディゴ」であろうと、ありのままのわが子を愛すること、現実を認めて一緒に過ごすこと、遊ぶこと、笑むことが大切です。わが子の限りない可能性を信じ、見守っていただきたいのです。

ところが、実際にはわが子の「わかりにくさ」に悩み、そして最終的には愛せなくなってしまうと思ってしまうというような、悲しくてつらいことが現実には多いのです。

小さな戦士たちが抱える「生きづらさ」

子どもたちには、可能な限り彼らの個性を伸ばすことができるような接し方をすることが大切です。気性の難しい子どもを育てているお母さんたちには、「育てにくい子」と嘆く前に、子どもの個性や特性をしっかり理解することをお願いしたいものです。そうすれば、わが子とのもっと上手なかかわり方を見つけることができるでしょう。

子どもというのは、愛されていることさえ確信できれば、理不尽に苛立つことはありません。親がわが子を自分の考える「いい子」の枠組みに当てはめようとしたり、彼や彼女をコントロールしようとしなければ、子どもたちは親に対しても本来のやさしさを見せてくれるはずです。

人間はだれでも、「自分は自分」という誇りを持っています。「いい子」に育てようとしなくても、もともとすべての子どもが「いい子」なのです。親がわが子のありのままの姿を認め、愛することが大切です。親の権威を振りかざしたり、頭ごなしに「子どものくせに」と抑えつけたり、また何かの交換条件を持ち出してわが子と取引をするような育て方は、子どもたちの反発を招き、彼らを傷つけ、無力感に陥らせてしまいます。その結果、ますます子育てが難しくなるのです。

そうしたまちがった子育てをしていると、子どもは親を信頼することができなくなり、キレやすい性格やこだわりの強い性格を助長してしまいます。そうすると、わがままともとれる行動も多くなるので、親は途方に暮れてしまうのです。その結果、愛着障がいや不安定型愛着、双極性障がいや強迫性パーソナリティ障がいなどの症例を導いてしまうこともあります。気がかりなことがあるときには、専門医に相談をされることをおすすめします。ただし、その後の日常でのかかわり方が大切だということを忘れないでください。

ガラス細工の心を持った子どもたちの育て方については、後章でまとめることにして、ここでは彼らが抱える「生きにくさ」の本質について、お話ししたいと思います。

すでに述べたように、彼らは古いしきたりを打破するという使命を持っています。いわば、ライトワーカー（正しい行いを伝え、地球や人々に愛の光を灯す人）なのです。彼らは、「争いをやめて、心豊かに生きよう」「自然を尊重しよう」「人間も自然の一部」「人の生き方として大切なのは、愛」などの重要なメッセージを携えてこの世に生れてきました。「自分も大切、人も大切、愛がいちばん大切なんだ」という、最も基本的で重要なことを人々に思い出させてくれる存在なのです。

彼らは世界を変えるという使命を持っていますから、あえて課題が山積している環境を選んで生まれてくることが多いのです。つまり、古い価値観に縛られて苦しんでいる人を親として選び、「大切なことはほかにあるよ。もっと視野を広げようよ」と教えようとするのです。

その意味で、彼らがスタート地点から「生きにくさ」を抱えてしまうのは当たり前ともいえます。彼らは「居心地が悪い人生でもかまわない」と決意して生まれてきた、勇敢なたましいなのです。

彼らが感じる「生きにくさ」の強度は、彼らがこの世で果たすべき役割の大きさとイコールです。そのことを周りの人たちが理解できるなら、本人は「世界を変える」という仕事をしやすいのですが、周りは彼らの繊細さや志をなかなか理解できません。すると、彼らは「せっかく勇んでやってきたのに、こんなはずじゃなかった」と、深く傷ついてしまいます。

生まれてみたら、想像以上にこの世は居心地が悪く、「どうして？」と呆然としてしまうのです。

親に大切なことを思い出してもらおうと考えていたのに、ちっとも自分のメッセージを受けとってもらえない。しかも、親は子育てに関して知識がないあまり、子どもの特性をつぶすような接し方をするばかり。

いくら「これはちがう！」と叫んでも、現実世界では親に抑えつけられ、自分の価値観を否定されてしまうわけです。そこで彼らは古くて狭い価値観の中で葛藤し、戦い、傷ついて、無力感に苛まれるのです。

生きるのがあまりにつらかったり、生きていてはいけないような感覚に陥ったり、「私はこんなことのために生まれてきたんじゃない」という思いに苦しんだりしたあげく、十代で生きるのをあきらめて、自死をしてしまう子も多いのです。「自分には、もっと何かができたはずだ」という絶望感を必死になって抑え込んでいても、何かのきっかけで爆発すると、破壊的な道を選択してしまうのです。

　引きこもりや自虐行為など……自分自身に何かをするときもつらいのですが、ほかの人に対して行動をしてしまう場合は、親の躾を問われることが多くあります。いじめをしたり、家庭内暴力を起こしたり、町に飛び出してゲームセンターに入り浸ったり、性産業や犯罪に走ったり、ヤクザとかかわったりする傷ついた子どももおおぜいいます。

　また、女の子の中には、家庭に居場所がなくて町をフラつき、そこで知り合った男の子とできちゃった結婚をして、親になることの意味を理解することなく、その覚悟もないままに赤ちゃんを産んでしまうケースも増えています。

　そういう女の子たちの間では、悲劇的な事態を招いてしまう例が多く見られます。もともと繊細で勇敢なたましいとしてこの世に生まれてきたのに、現実に愛された経験が乏しいと、わが子とどう接していいか、まったくわからなくなってしまうのです。しかも、彼女たちは多くの場合、経済力のない男の子と結ばれますから、貧しさに苦しんだりもします。その上、相談相手が周りにいなくて、どうしたらよいのかわからずに追い込まれていくと、子どもへの虐待に走ってしまうケースなども多いのです。

そうすると、不幸の連鎖が起こります。「子どもには、自分と同じ悲しみを味わわせたくない」と思いながら、また思えば思うほど逆に、わが子を痛めつけてしまう。少し冷めた言い方をすれば、結局人は育てられたように育ち、育ったように育てるのです。それしか子育ての方法を知らないので、ほかの育て方を考えられないわけです。でも、考えようによっては、それは子どもたちが親を愛しているという証《あかし》なのだと思います。子どもは親が大好きなので、親のすることを真似るのです。どんな親でも、たとえ虐待をする親であっても、子どもたちは親をかばいます。そういう親を選んで、彼らを助けるために生まれてきたのですから……。

そのような親子に接すると、以前の私は理解されないことで苦しんだ自分の少女時代を思い出し、いたたまれない気持ちになったものです。そして、なんとか力になりたいと心から思いました。

インディゴをサポートするインディゴ・チルドレン

私はさまざまなインディゴ・チルドレンに会う中で、「インディゴをサポートするインディゴ・チルドレン」というタイプの人たちがいることに気づきました。

自分と同じ使命を持つ子どもたちをサポートするタイプのインディゴ・チルドレンには、「火のタイプ」と「水のタイプ」がいるようです。

「火のタイプ」は、芯に熱いものがあり、やむにやまれない衝動に駆られて行動します。私自身も典型的な「火のタイプ」ですからよくわかります。彼らは人生経験を重ねると穏やかな性格になっていきますが、子どもの頃は激しい気性が目立ちます。どちらかというと、激怒してお膳をひっくり返してしまうような行動をとるタイプです。

一方、「水のタイプ」は非常に冷静で、悟りきったような行動をとるという特徴があります。理性が勝っているタイプで、若いうちは情熱的な一面もみせますが、本質的には冷静に状況を見つめることができます。水のタイプは何か問題にぶつかると激怒するのではなく、すべてを投げ出したりしがちです。もっとも、そのことをすぐに反省するのですが、自分から謝ることができません。

彼らが「謝れない」のには2つの理由があります。第1に彼らは意地っ張りですから、周りの意見に反発し、素直になれないのです。また、第2に内省的な性格のため、「自分が悪いのだから仕方がない、謝っても無駄、もう手遅れだ」とすぐにあきらめてしまうということもあります。

サポート・タイプのインディゴ・チルドレンは、普通のインディゴよりも悩み深い人生を送ることが多いようです。さまざまな出来事を通して学び、気づきを深めることが、後からくるインディゴ・チルドレンをサポートする上で必要だからです。

このタイプは、子どもの頃から、心身の悩みや人間関係の悩みを抱えていることが多いようです。一つの問題が解決しても、往々にしてさらなる難問にぶつかったりするのが彼らの人生です。生きる上でのハードルを自ら高くしてしまうのです。

また、このタイプには完璧主義の方が多いのも特徴です。

なぜ、彼らが生きる上でのハードルを高く設定してしまうのかというと、人を助けることの前提として、まず自分の心の問題をクリアしようとするからです。自らさまざまな問題を引き寄せ、それを解決することで、人を助けるための予行演習をしているようなところが、彼らにはあるように思います。

サポート・タイプのインディゴ・チルドレンは、そんなふうに自ら一つひとつ解決してきたことをだれかに伝えたい、人々の役に立ちたいという思いを自覚的に持っています。

彼らは「時間がもったいない」、「早く成長しなくては」、「自分には何かもっと大きな使命があるのでは」、などという思いに常に燃えているのです。

私はカウンセリングのほかにも、さまざまなヒーリングを指導するワークショップを行っていますが、自分を高めたいという一心でそういう場に集う人たちの中には、サポート・タイプのインディゴ・チルドレンが多くいます。

彼らはおしなべて完璧主義者でこだわりが強い一方、自己受容ができずに自己否定の感情を持ち、自己評価も低いのです。自分を受け入れられないケースも多く、しばしば大きな不安やパニック障がいを抱えていることもあります。

私自身がそうだったので理解できるのですが、自分がサポート・タイプであることがわかると、生きるのが楽になるものです。

サポート・タイプは「人を助けたい」という熱い思いを抱いているため、苦しんでいる人や困っている人が身近にいると、放っておくことができません。しかも、不思議とサポート・タイプの元には、悩みを抱えた人が次々と集まってくるのです。

自らがサポート・タイプであることを自覚していないと、自分の限界を超えて他人にかかわってしまいがちです。そして結局、他人に利用されて傷ついたり、裏切られて絶望したり、寄りかかられる重みに耐えきれなくなって自分がつぶれてしまったりします。

ただし、自らがサポート・タイプであることをわかっていれば、自分を客観的に見つめ、他人ともっと適切なかかわりを持つことができます。自分がダメになるほど世話を焼くことは、決して相手のためにはなりません。相手とほどよい距離を保つことが大切です。そうすれば、自分と相手を同一視することなく経験を生かして意識的に語ることができ、ひいては相手によりふさわしいアドバイスを送ることができるのです。

私自身、カウンセリングの仕事をする中で、苦い思いを何度も繰り返しています。悩みの相談を受ける場では、相手の心の中の鬱屈《うっくつ》した思いが一気に噴き出ることがあります。私はそれをそのまま受け止めているのですが、相手が感情を爆発させた後、気まずさを感じてしまうようなこともままあります。その結果、こちらを敬遠するようになる人もいます。

そんなとき、以前の私は、とてもさみしい思いをしたり、深くかかわり過ぎたのだろうかと後悔したりしました。けれど、いまの私はサポート・タイプのインディゴ・チルドレンとして自分のすべきことをしたまでだ、と思い切れるようになりました。

サポート・タイプは、助けになろうとした相手に裏切られると、たとえベストと思われる対処をしたと考えられるケースでも、後悔することがよくあります。とくに火のタイプは、心に燃えさかる芯を持っていますから、深く落ち込んでしまいがちです。

けれど本当は、サポート・タイプが差し出した愛というプレゼントを受け取るかどうかは、相手の問題なのです。自分の発言は、サポート・タイプとしてのやむにやまれぬ使命感に駆られて発せられたものなのだと気づけば、相手の反応にいちいち傷つかずにすむでしょう。

サポート・タイプのインディゴ・チルドレンで、人間関係で後悔しがちという方は、もっと自信を持っていただきたいと思います。

インディゴ・チルドレンは心の成長が早いので、過去を振り返ると、いまの自分ならもっと適切に対処できたのに、などと考えてしまいがちです。そうした反省を未来に生かすのはいいのですが、落ち込んでしまうのは、あまり意味があるとは思えません。「後悔するのは私の成長が早い証拠」と思っていただきたいのです。どんな出来事が起こっても、それは自分自身の選択の結果だと思えたのなら、後悔は減ります。ですから、できるだけ愛にもとづいた選択をしてほしいのです。

サポート・タイプのインディゴ・チルドレンは、自らの役割を自覚することによって、世の中に光を灯すライトワーカーとして生きることができます。できるだけ早いうちに自己の使命に気づき、自信を持って人生を歩んでほしいものです。

第3章

多種多様なインディゴ・チルドレン

「きみは病気じゃない」――たかしくんのケース

インディゴ・チルドレンについてより深く理解していただくために、この項では具体的な事例を紹介してみます。

私がカウンセリングを担当した中に、たかしくんという青年がいました。彼は、周りからの理解を得られなかったインディゴ・チルドレンの典型でした。

たかしくんは25歳のとき、お父さんと一緒に池川クリニックに相談に訪れました。たかしくんには吃音《きつおん》とチックがあり、また親を殴るなど、家庭内暴力を振るう青年でもありました。彼には両親と弟がいますが、池川クリニックを訪れたときはお父さんと離れて、お母さんと二人暮らしをしていました。

池川先生は、たかしくんの激しい気性の中に、内に秘めたやさしさを感じたそうです。そして、初対面の彼に、次のような言葉をかけました。

「きみは別に病気じゃないと思うけれど？　もしかしたら、たかしくんには『親にメッセージを伝える』というかなり明確な目標があるのに、それをちっともわかってもらえないから、生きづらくなったんじゃないの」

池川先生の言葉に、たかしくんは「そうです」とうなずきました。

池川先生は、たかしくんとのコミュニケーションに、かなり神経をつかいました。彼は、ちょっとした一言に、すぐ「先生、それ、ぼく傷ついた」と言うからです。そういうとき、先生は「傷つけるつもりじゃなかったんだけど、ごめんね」と謝り、それこそ手探りで対話を続けました。

たかしくんには継続的なサポートが必要だと感じた池川先生は、彼に私のカウンセリングを受けることをすすめました。

私は、カウンセリングをはじめるときはいつも、「困ったことや気になることがありますか？　解決したいことはありますか？」という問いかけることからセッションをはじめます。

そして、軽い世間話から相手との信頼関係を築いていき、その後、リーディング、コーチング、ワークといったさまざまなコミュニケーション手法を用いて、暗いトンネルに入ってしまった相手の心に光を当てるお手伝いをするのです。

たかしくんと初めて会ったとき、自然に「やっと出会えたね。会いにきてくれて、ありがとう」という言葉が出てきました。

たかしくんはまっすぐに私を見ながら、「うん」と言ってくれました。そして、

「池川先生は、ぼくを『病気じゃない』って言ってくれました。そんなことを言われたのは初めてだったから、すごくうれしかった」と、素直によろこんでいました。

たかしくんはただ、気持ちを伝えたいのに伝わらないもどかしさや、わかってもらえないつらさを感じていただけなのです。それなのに、周りからある種の病気扱いを受けていたわけです。そんな中、池上先生に「病気じゃない」と認めてもらったことで、気持ちが楽になったのだと思います。

ちなみに、後日、お母さんも「ずっと病気だと思って苦しんでいたので、私も池川先生の言葉で救われました」と泣いていらっしゃいました。

たかしくんには霊的な感受性があり、目には見えない世界に興味を持つ青年でした。そうしたタイプが普通のメンタル・クリニックなどで診察を受けると、得てして精神科系の病名をつけられてしまうものです。

はじめて出会ったとき、私はたかしくんの向かい側に座り、まっすぐにたかしくんを見て、彼から受ける印象を伝えました。

セッションの中で強く感じたのは、たかしくんとのコミュニケーションには十分な配慮が必要だということでした。彼はこちらの言葉遣いや目配りの一つひとつに、過敏なほど反応してしまうのです。

たかしくんは何かにつけてすぐに怒り出してしまうので、家族や周りの人は細心の注意を払って彼と接していました。その「怒りやすさ」が「わがまま」とイコールだと、周りからは考えられていたのです。

けれど、いちばんつらいのは本人なのです。本人は挫折を感じ、傷ついてしまっていて、どうしたらいいのかわからくなっているのです。たかしくんと面会を重ねるうち、彼が自分をどう表現したらよいのかわからず、もがき苦しんでいるのがわかりました。

彼自身も自分の「怒りやすさ」に気づいており、必死で気持ちを抑えようとしていました。でも、そうした自己抑制は、「コントロールされたくない」という思いをかえって強くするだけでした。彼は、本当はとてもまじめで一生懸命なのです。セッションの中で、たかしくんは何度か「それって、どういう意味ですか」と、私の言葉の意味を確認してきました。私はそのたびに説明をして、彼の誤解を解いていきました。

そんなふうに、言葉尻をとらえるような問いかけをひんぱんに投げかけてくるのも、相手をちゃんと理解したいという思いの表れです。けれど、そう問われたほうは、「いちいちうるさいな」と感じてしまいます。そのため、ケンカや家庭内暴力というかたちになってしまうのでしょう。

たかしくんは、私に少しずつ心を開いてくれ、「ぼくは、子どもたちのために保育士になりたい」と打ち明けてくれました。

そこで私も、「私は居場所のない子どものために、フリースペースをつくりたいの」と、夢を語りました。

最初のセッションの最後に、私は再び「会いにきてくれて、ありがとう」と言って、たかしくんを軽く抱きしめました。

「お風呂に入っていないでしょ。入ったほうがいいと思うわ」とすすめたら、その日から入ってくれたそうです。

別れ際には、「またね」と言ってくれました。

セッションが進む中で、いろいろ事情を聞いてみると、たかしくんが複雑な家庭に生まれ育ったことがわかってきました。

たかしくんのお父さんは、父親を早くに亡くしました。母親に甘えたくても、邪険にされるばかりで、会話のない家庭で育ったそうです。

一方、たかしくんのお母さんも、母親のいない孤独な家庭で育ちました。父親に甘えようとすると「うるさい」と叱られ、さみしくて泣くと「泣くな」と叱られる――そんな家庭環境だったようです。そのうち、お母さんは涙を流すこともできなくなりました。

そうした環境の中で育ったため、お父さんもお母さんも、感情を言葉で表現するすべを知らないまま大人になってしまったのです。同じような心の傷を持つ２人は惹《ひ》かれあい、結婚しました。そして、自分たちが生まれ育った家庭とは真逆の、愛に満ちた家庭を築こうとしました。

お母さんは再婚だったので、連れ子の男の子がいました。そして、お父さんとお母さんの間に生まれた最初の子どもがたかしくんでした。

たかしくんは、お父さんとお母さんの「愛に満ちた家庭を築く」という希望をかなえようとして、生まれてきたのでしょう。けれど、お父さんもお母さんも「愛に満ちた家庭」とはどういうものか体験したことがなかったので、それをどうやって築いたらいいのかわかりませんでした。彼らは、愛の表現も上手ではありませんでした。また、経済状態もあまりよくなく、あるときから夫婦仲にも問題が生じるようになりました。そのため、繊細なたかしくんはストレスを強く感じるようになったのです。

たかしくんは小さいときからやさしくて、おしゃべりも上手だったそうです。けれど、3歳になってつよしくんという弟が生まれた頃から、吃音がはじまりました。つよしくんは、トラブルの多い家庭で奮闘しているお兄ちゃんを助けようと思って生まれてきたようです。けれど現実には、つよしくんが生まれてから、たかしくんはいろいろなことをがまんしなければならなくなりました。

たかしくんは、弟思いのお兄ちゃんでした。

たとえば、おもちゃ売り場でたかしくんがぐずったので、お母さんがおもちゃを買い与えたことがありました。そのとき、たかしくんは「ぼくはいいから、つよしに買ってあげて。つよしをかわいがってやって」と言ったそうです。

けれど、「つよしをかわいがって」という言葉は、本当は「ぼくをかわいがって」という、たかしくんの心の叫びだったのです。

たかしくんは、その思いを上手に伝えることができませんでした。お母さんも日々の暮らしに精いっぱいでしたから、たかしくんの気持ちに気づく余裕もありませんでした。

そんなあるとき、たかしくんは自分と同様に吃音を抱える女の子をからかって、彼女を深く傷つけてしまいました。

その出来事をきっかけに、たかしくんの吃音は、よりひどくなっていったのです。吃音がひどくなったのは、「自分に（女の子をからかったことの）ペナルティを科したからなんだ」と、たかしくんは言います。

自分を罰する傾向が強いのは、インディゴ・チルドレンの特徴です。

たかしくんは、人とコミュニケーションをとることがどんどん難しくなっていきました。吃音はますます悪化し、学校でいじめられるようになりました。

お母さんは、けなげにがんばっているたかしくんを不憫《ふびん》に思いました。そして、過保護、過干渉で接しはじめました。これは、子育てにおいていちばんやってはいけないことの一つです。

たかしくんの状態が悪くなるにつれて、両親ともに「どうしてなんだろう?」「何がいけなかったのだろう?」と、自責の念に駆られるようになりました。

よく話を聞いてみると、小さい頃のたかしくんは、吃音はあっても、自分自身に満足していたそうです。クラスメートにからかわれても、自分の中で解決できていたので、決して「かわいそうな子ども」ではありませんでした。

けれど、お母さんの「かわいそう」という思いが、結果的にたかしくんを「かわいそうな子ども」に仕立ててしまったようなのです。皮肉にも、お母さんの心遣い

や お父さんの「なんとかしなければ」という焦りが、親子関係をゆがめていったことがわかってきました。

その背景には、ご両親ともに、つらく悲しい子ども時代を過ごしてきたという事実があります。たかしくんの状況を見て、ご両親の心に「かわいそうな子ども」だった自分がよみがえってしまったのです。それまで触れることのなかった自分自身の未解決の部分、幼少時の「かわいそうな私」の姿と、たかしくんが結びついてしまい、よけいに「これではいけない」と焦ってしまったのです。

子どもに病気や障がいがあると、親として不憫になる気持ちはわかります。とはいえ、「かわいそう」と決めつけるのは、上から見下ろす態度にもなりかねないことに気づいてください。それは、子どもの尊厳を傷つけることになります。

親に「私が保護してあげなくては」という思いが強いと、子どもは息苦しくなります。子どもは子どもで、尊いたましいを宿した、親と対等の人格です。そのため、たとえ親心であっても、「かわいそう」と思われると、子どもにとってはつらいのです。

たかしくんは、ご両親の成長を助けるために生まれてきました。ところが、自分がいることでご両親が幸せを感じてくれるどころか、かえってマイナスの方向にばかり意識を向けてしまうことに、大きく戸惑うようになったのです。

たかしくんは、吃音を治すため、精神療法、心理療法、催眠療法と、ありとあらゆる療法を試しました。有名な臨床家を何人も訪れましたが、吃音はまったく改善されませんでした。

そうこうするうち、次第に年齢を重ねていくことの焦りもあって、家族間のコミュニケーションがどんどん難しくなっていったのです。そしてとうとう、鬱屈《うっくつ》が爆発し、家庭内暴力に発展したのでした。

お父さんは「育て方をまちがってしまった」と、深く反省していました。けれど、たかしくんにしてみれば、いまさらそんなふうに言われても、おさまりがつきません。

私には、「ふざけるな！　おまえらは卑怯だ！　勝手なことを言いやがって！」という、たかしくんの心の叫びが聞こえてきました。

子どもにとって、「育て方をまちがえた」と言われることは、いまの自分を否定されることとイコールです。それは子どもにとって、最も言われたくない言葉です。お父さんが反省すればするほど、たかしくんは苛立ち、暴れるようになりました。

そのあげく、強迫神経症という病名までつけられてしまいました。最初はほんの少しだった親子の心の距離が、どんどん大きくなっていき、収拾がつかなくなってしまったのです。

これは、インディゴ・チルドレンでなくても起こることです。けれど、インディゴ・チルドレンの場合、普通の子どもよりもさらに悪い状況を引き寄せてしまいます。挫折して希望を失い、おさまりがつかなくなってしまったインディゴ・チルドレンは、激しい行動に出ることが多いのです。

インディゴ・チルドレンは、暴れながらも心の中で「いけない。やめなければ。やめさせてほしい」と強く感じています。その感情が、「やめたいのに、やめさせてくれないおまえたちが悪い」という怒りにつながり、さらに逆上してしまうわけです。

彼らはひとしきり騒ぎ、いったん落ち着いた後で、激しく落ち込みます。その落ち込みがさらなる騒動を招くという、悪循環に陥ってしまうのです。そして、最終的には自虐的になるか、他人を傷つけるかの、どちらかのパターンに陥るケースが多くみられます。

私自身、同じような心理状態のときがありましたので、たかしくんの悲しみをよく理解できました。たかしくんも、「わかってくれる」と思ったのでしょう。私と初めて会った日から、たかしくんは変わっていきました。

そのうち、たかしくんは弟のつよしくんと一緒に私のカウンセリングを受けるようになりました。

２回目に兄弟できたとき、「あなたたちは、両親を助けるために生まれてきたのでしょう?」と質問すると、23歳のつよしくんと25歳のたかしくんは、当たり前のように「うん」とうなずきました。

「幸せになるために、生まれてきたんだよね」という質問にも、素直に「うん」と答えました。

たかしくんとの間に信頼関係が築かれてからのことですが、いつまでも「親がゆるせない」と言い続けるたかしくんに、私ははっきり次のように言いました。

「たかしくんは、甘えているのよ。甘えるのをやめなさい。嫌いだという親に甘えている自分もゆるせないのでしょう?　もう甘えるのはやめたほうがいいと思うわ」

たかしくんは怒り出しましたが、その場に一緒にいたつよしくんが、すかさず「こんなことを言ってくれる人はいないから、大事にしなくちゃいけないよ」と、諭してくれました。たかしくんも、最後には私の言葉をきちんと受け止めてくれました。

セッションを重ね、たかしくんがだいぶ落ち着いてきたところで、つよしくんのセッションに入りました。じつは、つよしくんと最初に会ったときから、私はずっと彼のことが気になっていたのです。

つよしくんは、自分のしたいことをあきらめて、家族のためにがんばっていました。彼はご両親とたかしくんの間を取りもつ役目を努めていたのですが、どんなにがんばっても家族は仲よくならず、関係が悪くなる一方なのを悲しんでいました。たかしくんだけでなく、つよしくんも、インディゴ・チルドレンでした。「自分を犠牲にしてがんばるインディゴ・チルドレン」だったのです。

あるとき、私は「たかしくんはもうだいじょうぶだから、今度はつよしくんのセッションをしよう」と提案しました。たかしくんは「そうしてください。本当は、おれも気になっていたのです」と、同意してくれました。

そこで、つよしくんに「いままで一生懸命にがんばってきたのね。もう無理をしなくていいのよ」と声をかけると、つよしくんは涙ぐみ、「だれもわかってくれる人はいなかった」と、ポツリと言いました。

その後、つよしくんは一人でセッションに訪れてくるようになり、次第に本心を語るようになりました。

「もう地べたにはいつくばるような人生はいやだ」

「人のためにだけがんばるのはいやだ」

つよしくんは、そう決心したのです。

その頃からつよしくんの日常に、大きな変化が起こりはじめました。同時に、たかしくんとつよしくんの関係も、以前よりもずっとよくなりました。

池川先生は、その後のたかしくんの変身ぶりに、驚かれたそうです。

「ある日、診察室に笑顔がすてきな好青年が2人現れたと思ったら、なんと、たかしくんとつよしくんだった。初対面のときのたかしくんとはまるで別人で、ああ、たかしくんって、こんないい顔をするんだって思いましたね」

先生は、そんな感想を述べられました。

じつは、セッションがうまくいったのは、ご家族の協力があったからこそです。

たかしくんは典型的なインディゴ・チルドレンだったので、私は本人とご家族に、インディゴ・チルドレンの特徴について説明しました。

お母さんとつよしくんは、さっそく本を読んで知識を得てくださいました。そして私の説明に納得し、たかしくんにきちんと対応するようになってくださったのです。

たかしくんのお母さんは、「インディゴ・チルドレンについてもっと早く知っていれば、こんなに苦しまなかったのに。知らなかったために、ずっとつらい思いをしてきました」と言われました。

そんなふうに、後になって「もっと早くわかっていれば。情報がほしかった」という方がたくさんいらっしゃるのです。

「知らない」がゆえに生じる誤解

たかしくんのお母さんが言われたように、「もっと早く知りたかった」と思っている親御さんはたくさんいらっしゃると思います。実際にはインディゴ・チルドレンを育てながら、その事実を知らないために、混乱に陥っている事例は枚挙にいとまがありません。

インディゴの子どもたちは一般に強い個性を持っており、そのためにメンタル・クリニックなどでＡＤＨＤ（注意欠陥／多動性障がい）や広汎性高機能発達障がいなどと誤診されることもあります。

私がご相談を受けているＣさんのお子さんも、その一人です。彼は典型的なインディゴ・チルドレンでした。

お子さんに最初にお会いしたとき、彼はまだ幼稚園児で、多動がありました。その上、騒ぎだしたら2、３時間はおさまらず、また親を冷ややかな目で見るといった問題がみられました。そのため、Ｃさんは困り果てていらしたのです。

Ｃさんは私に「こんなに気性が荒いなんて、普通じゃない。大きくなったら犯罪を犯すのではないでしょうか」という不安を打ち明けられました。「私には、もう育てられない。心中するしかありません」とまで悩んでおられたのです。

お子さんを権威あるドクターに診てもらったところ、ＡＤＨＤと診断され、薬を処方されました。でも、服薬しても状況は改善しないどころか、かえってひどい状態になったのです。

私は当時、「インディゴ・チルドレン」という概念についてよくわかっていませんでしたが、Ｃさんの話を聞いて「ＡＤＨＤとは違う」と感じとっていました。

Ｃさんは専業主婦で、とても真面目な方です。専業主婦がいけないというわけではありません。ただ、子育てに専念している方は子どもと接する時間が長いので、「私がこの子をいい子に育てなければ。この子のために、がんばらなくちゃ」と一生懸命になりがちです。そして皮肉にも、そのプレッシャーが子育てにマイナスに働くことも多いのです。

結局、薬を飲ませれば飲ませるほど症状が悪化することに危機感を持ったCさんは、思いきって薬をやめました。そして、「この子はこういう子なのだ」と覚悟を決め、いい意味で特別扱いするようにしたのです。

子どもが求めることを頭から否定せず、受け入れていくようにしました。「ちゃんとした『いい子』に育てなければ、私が批判される」という不安を手放し、ありのままのその子と向き合いました。

子どもも自分もこのままでいい、焦らないで無理しないでいいと、ありのままを認めたのです。

すると、お子さんの問題行動はだんだんおさまっていきました。いえ、問題行動がおさまるどころか、お子さんが自分らしさを発揮できるようになるにつれ、彼の表現力がどんどん豊かになっていったのです。

Cさんのお子さんは、機械が大好きでした。そこで、小学校に進学したときにパソコンをすすめたところ、2年生になった頃にはインターネットで大学院生と対等にチャットをはじめたそうです。

インディゴ・チルドレンには、このお子さんのように頭の回転がとても速い子が多いのです。頭がいい分、自分を理解されないことが続くと、「大人はなんてばかなんだろう」とうんざりしてしまうのです。そして、大人を冷たい目で見るようになったり、荒れたり引きこもったりするようになるわけです。

頭の回転が速く、何事にも挑戦したがる特徴を持つ子どもが、多動と誤解され、またＡＤＨＤと誤診されることはよくあります。

ほとんどの精神科医や小児科医は、インディゴ・チルドレンの存在自体を知りません。それが誤診の原因になっているのは困ったことです。

症状を見分けることの難しさ

近年、自閉症やＡＤＨＤなどをはじめ、発達障がいと診断される子どもが増加傾向にあります。

これには、発達障がいに関する世間の認知度が高まったことと同時に、愛着障がいを抱える子どもやインディゴ・チルドレンが増えているという背景もあるでしょう。

ＡＤＨＤのように脳の機能に原因がある場合は、投薬が有効ですし、薬をやめてしまうことは大きな問題です。

しかし、脳機能になんの障がいもないインディゴ・チルドレンに、ただ問題行動を起こしているというだけで薬を飲ませるのは、効果があるどころかマイナスの結果を招くこともあるため、十分に注意しなければなりません。

人間は「ボディ（肉体）」「マインド（心）」「スピリット（たましい／精神／霊性）」で成り立っています。インディゴ・チルドレンの問題は「マインド」「スピリット」の問題です。一方、ＡＤＨＤなどの脳機能障がいは「ボディ」の問題なのです。

人間を四輪車にたとえると、肉体を車本体としたら、たましいが運転手です。いくら上手な運転手でも、タイヤが一つ足りない車は運転できません。多くの医者は「それなら補助輪をつけてみよう」と考えます。そして補助輪に相当する向精神薬を処方するわけです。

ところが、簡単な診察でＡＤＨＤと診断して、薬を処方する医師もいます。親は疑問や不安に思いながらも投薬を続けてしまう場合が多くあります。

発達障がいの子どもが増えている原因には、いくつかの説があります。

子どもの心身は、妊娠中にお母さんが食べるもの、そしてお母さんの気の持ち方によって、大きな影響を受けます。お母さんが妊娠中に栄養不足だったり、また有害物質の影響を受けていたりすると、お子さんの脳の発育に問題が生じてしまうことがあります。発達障がいの子どもが増えていることの一因です。

また、最近増えている管理分娩や予防接種が、脳の発育に影響を及ぼしているという説もあり、複雑な要因がからみあっているようです。

いっぽう、いくら車本体がしっかりしていても、ガソリンがなければ車は走りません。ガソリンに当たるのは、愛情です。人として育つために、愛情はなくてはならないものなのです。

たましいが肉体に宿り、その肉体を通して感情が生まれるわけですが、インディゴ・チルドレンは感情面でとても繊細で、愛情に敏感に反応します。そのため、一般の子どもよりもガソリン不足を起こしやすくなります。比ゆ的に言えば、彼らには高度なメンテナンスや、ハイオクのガソリンが必要なのです。

うわべだけのやさしい言葉をかけられても、手荒に扱われたりするとすぐに傷ついてしまいます。形だけていねいに接しても、彼らはお母さんが心の底から自分が受け入れられているかどうかを見抜くので、ごまかしがききません。

本物の愛情を与えられず、混乱している子に、いくら「補助輪をつけましょう」と薬を飲ませても意味がありません。なんといっても、必要なのはガソリン、つまり愛情なのですから。

ただ、そのように問題行動を起こす原因はちがっていても、混乱しているインディゴ・チルドレンとＡＤＨＤのお子さんに現れる症状はよく似ています。そのため、両者の区別をつけるのはとても難しいのです。

わが子に不足しているのが、タイヤなのかガソリンなのか、親は見きわめる目を磨かなくてはなりません。そのためにも、正しい知識が必要です。

最近では、「『うちの子はインディゴ・チルドレンなんです』などと勝手なことを言って、薬をやめてしまう親がいて困る」と憤慨している小児科医もいるようです。そういう批判はもっともですが、そのためにインディゴ・チルドレンという概念が「いいかげんなもの」と切り捨てられてしまうのは残念です。

身体や言葉に問題がなくとも、ほかの子どもとは違う発育過程を示す子の場合、愛着障がいが原因ということもありますので、非常に難しい問題だと思います。発達障がいの場合は、「育て方は影響しない。育て方が悪くてなったのではない」と言われていますが、それでも母親は自分を責めます。ところが、愛着障がいはまさしく育て方によって引き起こされると言われているのですから、愛着障がいの概念がこれから広く認知されるためには、問題や課題が山積みだと思います。

まず、愛着障がいという名づけ方自体が誤解を招きます。「親子の愛着が築けていない、愛情の絆が結べていない」ことを「障がい」と表現するのは、いかがなものかと思います。それでなくとも、身体が弱くて健康に不安があったり、問題行動を起こす子どもの母親は悩みます。いかに子どもが健やかに育つか、優秀な子を育てるかで世間が親に下す評価が決まってしまうような状況下では、当事者である母親は『育て方が悪かった。自分の責任で起こった』と自責の念に苦しみます。たとえ悩んでいても、だれにも相談ができずに苦しんでいる方も多いのではと案じております……。

ネグレクトやさらなる虐待が増えていくことも予想されるのですが、現状では相談やケア――親子での継続的な愛着療法を受けられる体制が確立されていないことも、広く認知されにくい原因の一つかと思います。

愛着障がいは、児童養護施設などの社会福祉施設では、傷ついた子どもたちの根底に愛着関係の影響があるのは当然のことと捉えられています。最近では心ある職員の中では、子どもたちの問題行動を愛着障がいのせいだけにしてはいけないのでは……という考えもなされているようです。ところが普通学級や幼稚園などの教職員の中には、名前さえ知らない方も多いのです。医師でも「愛着障がい」という名前は聞いていますが、その内容は知りませんという方が多いようです。

とはいえ、愛着障がいであるかどうかは、血液検査などにより確定的に診断できるわけではありません。インディゴ・チルドレンと同じく、愛着障がいにもさまざまなタイプがあり、現れる症状にも個人差が大きいので、診断がきわめて難しいのです。気ながに接していくことによって、変化が現れていくのが特徴でもあります。お母さんが自分の直観を磨きながら子どもの様子をよく観察し、日々の暮らしの中でヒントを見つけていくことが大切なのです。

もし、わが子がどういう状態なのかを判断できないのなら、すべての子ども（もちろん大人もです）が必要としているのは「愛」であるという基本を、思い出していただきたいのです。

かかわり方や育てるのが難しい子どもや、どんな子どもにも、「ありのままの子どもを認める」という子育ての基本は共通です。ですから、その基本を踏まえつつ、子どもと同じ目線に立ち、愛のまなざしで正面から向き合っていくことが、どのような子育てでも大切なのです。

また、その基本さえ守っていれば、やみくもに薬を怖がらなくてすむようになります。

私は、精神科の薬は絶対に避けるべきだとは考えていません。むしろ、必要に応じて上手に使うことは大切だと考えます。

幼い頃からの親子関係に傷つき、精神科の病名をつけられて、私のセッションにみえたクライアントがいらっしゃいました。

20歳半ば過ぎのJさんは、服薬をいやがっていました。けれど、セッションの中で自分がインディゴ・チルドレンであることに気づき、本来の自分を受け入れるようになると、精神科的な治療にも前向きに取り組めるようになったのです。

その結果、医師との信頼関係も深まりました。精神科の診療とカウンセリングセッションの連携がうまくとれるようになると、薬を正しく服用し、症状を劇的に改善することができるのです。

とはいえ、2歳の子どもにまで精神科の薬を飲ますのはいかがなものでしょうか？

副作用のない薬もあるようですが、それでも問題だと思っております。

大人のインディゴ

さて、子どもだけではなく、大人の中にもインディゴ・チルドレンはいます。私の経験では、子育てに難しさを感じている親御さん自身が、じつは傷ついたインディゴ・チルドレンだったということがよくあります。

大人になったインディゴ・チルドレンの特徴をあげてみましょう。子どものインディゴ・チルドレンと共通点が多いのは当然ですが、彼らには子どもとはまた別の特徴もあります。

＊「自分は目的や使命があって生まれてきたはずなのに、何も達成できていない」という強い挫折感がある。
＊自分という存在に無価値感があり、いつも（どこか）満たされない。
＊「自分は自分」という自尊心が高い。尊厳を脅かされると、憤ったり攻撃的になったりする。または、無気力になってしまう。
＊あえて困難な道を選びがち。自分に罰を与えるような生き方をして、よけいに

生きづらさを感じてしまう。

＊羞恥心が強く、自分の存在自体を恥と感じて、自虐的になってしまう。

＊自分はＡＣ（アダルト・チルドレン）だと思っている。または、「汚れた、ずるい大人になりたくない」という思いがある。

＊繊細で共感力が強く、他人の痛みを敏感に感じとるため、他人の問題やトラブルに巻き込まれやすく、それにはまり込んで、結局傷ついてしまう。

＊自分のためには泣けなくても、他人の苦しみや悲しみには共感できる。自分のためにはがんばれなくても、人のためと思うと、無理してもがんばってしまう。

＊他人には理解を示す。その一方、自分はだれにも理解してもらえない、自分でも自分がわからないという思いに苦しむ。

＊挫折感や、表現しようのない深い悲しみを感じている。

＊子ども時代を振り返ると、記憶がとても鮮やかだ。あるいは、その正反対で、不自然なほど、ほとんど覚えていない。

＊自分は大人のＡＤＨＤかもしれない、と思っている。

＊理想と現実のちがいに苦しむ。この悩みは、とくに介護職や恵まれない環境の子どもたちとかかわる仕事に就いている場合に多い。

＊早くこの人生を終わらせて、次の人生に期待しようと思うことがある。

上記の特徴に当てはまる方で、さらに「ずっと子どもでいたい」と強く思っていたり、かわいいいたずらっ子のようなお顔をしている方は、大人のインディゴ・チルドレンである可能性が高いでしょう。

以下では上記の特徴のうち、「子ども時代の記憶」に関して補足説明したいと思います。

大人のインディゴ・チルドレンは、幼い頃のことをとても鮮やかに覚えているか、ほとんど思い出せないかのどちらかであることが多いのです。

その方が愛されて育てられた場合には、持ち前の繊細さのおかげで、赤ちゃんの頃のことまで鮮やかに記憶していることが多いようです。

一方、ほとんど思い出せない場合には、次のようなことが考えられます。人は厳しい環境におかれると、生きのびるために自分の感情を押し殺したりブロックすることがあります。そのため、幼少期に愛に恵まれなかった人などは、その頃のことを思い出せないわけです。

もちろん、つらかったことや傷つけられたことを忘れられず、根深く覚えていて、親御さんを恨んだり憎んだりする場合もあります。けれど、とくにつらい子ども時代を送った人のケースでは、就学前の記憶がすっぽり抜け落ちてしまうことがあります。

つらい過去を封印している人の場合、過去の出来事だけでなく、自分の感情も抑圧していることがあります。

私のセッションにいらっしゃる方は、ひどく傷つき、感情をブロックしている例がほとんどです。彼らは、人生をあきらめてしまったような目やさめた目をしています。

私はそういう方たちには、まず「自分の感情を感じてみましょう」とすすめます。けれど、「自分には感情がない」「感情というものがどういうものかわからない」と言われる方も数多くいらっしゃいます。

悲しいなら「悲しい」、つらいなら「つらい」、嫌いなら「嫌い」、ゆるせないことは「ゆるせない」――そんなふうに素直に感じて、自分の感情を認めることから癒しははじまります。

たとえば「悲しい」と思ったら、その感情をじっくり味わってみましょう。そして、その「悲しみ」が身体のどの部位に宿っているのか、感じてみるのです。

インディゴ・チルドレンは戦士の気性を持っているので、「私は悲しんでなんかいません！」と反発し、抵抗することもあります。けれど、信頼関係を築いてゆっくりコミュニケーションを深めていくと、彼らが心の奥底に沈めた思いが少しずつ浮かび上がってきます。

中には、悲しみを認めること自体に動揺する方もいます。けれど、「そのまま、ありのまま」を感じること、感情とともにいること、そしてその感情をゆるし、受け入れることが、癒しのプロセスでは大切なのです。

幸せになるのが怖い症候群――2つの事例

この項では、21歳の音大生でパニック障がいに苦しんでいた女性・Aさんのケースを紹介してみます。

Aさんは、大学病院の精神科に通っていて、薬をのんでいたのですが、その副作用で指が動かなくなり、ピアノが弾けなくなっていました。

進級を控えていたAさんは、主治医に「薬を減らしてください」と相談しました。けれど、主治医には「いまでも普通の量の半分しか出していません。減らすなんて、とても無理です」と拒否されてしまいました。

指が動かないままだとピアノは弾けません。ピアノの試験に合格しないと留年になってしまいます。困り果てたAさんは、池川先生に相談にみえたのです。

Aさんの場合、実際には薬をのんでいても症状は軽くなっていませんでした。電車に乗ると「ひかれてしまうのではないか」、車を見ると「ボンネットに挟まれて死んでしまうのではないか」と脅え、日常生活に困難を感じていました。

そこで、池川先生は彼女に薬の代わりとなるいくつかの代替療法をおすすめしました。すると、すぐには効果がみられなかったものの、1週間後にとつぜん効果が表れ、薬を減らせるようになったのです。

池上クリニックに通いだして何年か経った頃には、Aさんはピアノの試験にもパスし、完全ではないものの、なんとか日常生活に差しさわりがない程度まで回復しました。

それでも、「刃物が怖い」「だれかを殺してしまうかもしれない」といった強迫観念は消えませんでした。そこで、私のセッションを受けることになりました。

最初にカウンセリングにみえたとき、Aさんは無表情で、「私は泣くことができません」とおっしゃいました。

お話をうかがうと、Aさんがお母さんに対する強い怒りを抱えていることがわかりました。お母さんは「娘を守らなくては」という不安が強い人で、そのあまり、娘をコントロールしようとするタイプでした。

Aさんは、そんなお母さんに理不尽さを感じていました。その積み重ねがパニック障がいとして表れていたわけです。パニック障がいは、「そのままの私を受け入れて」という、お母さんへの訴えだったのです。

Aさんには、窓から刃物を落として下にいる子どもを殺してしまうイメージや、町を歩いているとき急に包丁で人を刺すイメージが浮かび、そのために過呼吸になってしまうという症状もありました。

私のカウンセリングは、問題が起こったときだけ通う方法でもかまわないのですが、Aさんの場合は不安が強かったので、定期的に通ってくるようになりました。

その頃、Aさんは「包丁でだれかを殺してしまう」というイメージがどうしても消えず、刃物も持てない状態にあって、とても苦しんでいました。

そこで私は、ある日、タオルケットを畳んで床に置き、戸惑うAさんに包丁を持たせて、「ほら、落としてごらん」と言って、実際に落としてもらったのです。そして、「子どもが死んでいる？　だいじょうぶでしょ？」と確認してもらい、安心してもらいました。それ以来、Ａさんは包丁を持てるようになったのです。私の元に通うようになって症状はだいぶ軽くなりましたが、それでも一度、大発作を起こしたことがあります。

そのとき、Ａさんはかなり取り乱して、「みどりさん、私、だれも殺していないですよね」と電話をかけてきました。

「殺していないでしょう。どうしてそう思うの？」

話を聞いたら、やはりお母さんとの口ゲンカが原因でした。ささいな口論がＡさんのトラウマを刺激して、パニックを起こさせたわけです。

また、Ａさんは、別のあるとき「私は落ち着いてきたのだけれど、母のほうにカウンセリングが必要だと思います」と言いました。

お母さんにきていただいてお話をうかがったところ、確かにお母さん自身も大きな問題を抱えていました。ですから、私としてはカウンセリングを続けたかったのですが、お母さんのほうはあまり気が進まないようでしたので、お母さんのカウンセリングは断念しました。

最近では、Ａさんがお母さんの話し相手になることで、ご家族の関係もずいぶん変わってきているようです。Ａさんは、ピアノのコンクールで最終予選に勝ち残るまで元気になり、その後、ある会社に正社員として採用されました。いまでも何かあるたびにセッションにみえますが、現在では重要な仕事を任され、充実した日々を送っているようです。もともと多才な方でしたが、先日お会いしたときにも「私、もともと才能があったみたいで、お料理の腕前も上がって、お母さんより上手なの」と笑っていました。

もっとも、それでもAさんはまだ、初めての出来事に遭遇するとどうしていいかわからなくなり、パニックを起こしそうになることもあります。

不安なこと、いやなことだけでなく、うれしいことがあっても、発作につながってしまうのです。

私は「それは、『幸せになるのが怖い症候群』よ」と言いました。

Aさんは「思い当たります」とうなずきました。

私自身、「幸せになるのが怖い症候群」でしたから、Aさんの気持ちがよくわかるのです。幸せだと思った瞬間にそれが足元から崩れてしまうような経験をしたり、無意識のうちに自分は幸せになれるはずがないと思い込んでいたりする人は、幸せを失うことを恐れるあまり、むしろ自分から幸せを壊してしまおうという衝動に駆られます。

自分の居場所を実感できず、安心感や安定感のない人は、「何かあったら、すぐに足元をすくわれる。すべてが崩れ去る」という不安にいつも脅えています。そんなタイプの人には、無条件で愛された記憶がない例が数多く存在します。愛されなかったがゆえに傷ついた心は、安心できる居場所が見つけられないため、不安の罠《わな》にはまりやすいのです。

人生では一山越すと、ホッとする間もなく、また次の山に登らないといけないときもある――いまでこそ私はそう思っています。次々と訪れる山は成長を促すための課題であり、努力してそれを乗り越えようとするなら、次のステップは自ずから開けるという実感があります。人生とは、さまざまな困難を乗り越えていくものだと考えています。

けれど、以前は「いいことがあるのって、怖い。だって、その後きっと悪いことが起こるから」と、常に不安を感じていました。

そして、不安が不安を呼び、かえって「悪いこと」を呼び寄せるという悪循環にはまっていたのです。

Ａさんが「幸せになるのが怖い症候群」の発作を起こすと、私はすぐに「ほら、また自分で幸せを壊そうとしているわよ」とアドバイスします。

すると、Aさんも明るく「ああ、またやってしまったわ」と答えてくれるようになりました。

「幸せになるのが怖い」「自分は幸せになってはいけないのではないか」――大人でも子どもでも、そんなふうに考えている人はかなり多くいます。

私たちは、常に「きちんと生きなければ」という焦りを抱えています。

「私はこんなことをしていてはいけないのに」

「私って、こんなことしかできないの」

そんなふうに、無意識の自問自答を続けています。

それは、心の奥底で「自分は、生きる目的があって生まれてきた」と感じているからです。

けれど、何かの加減で生きる目的をまっすぐ追求することができなくなると、「私ってダメだ」「私なんて、いないほうがいいのだ」などと、自分を追い込んでしまいます。とくにインディゴ・チルドレンの場合、気性が激しいために落ち込みも大きいのです。

私はこれまで、自分をいじめるのがやめられないという、幸せになりたくない症候群の延長線上にある事例に、たくさん出合ってきました。

たとえば、やはり池川先生のご紹介でみえたBさんにも、その傾向がありました。初めてお会いしたとき、Bさんは、重度の免疫疾患に苦しみ、立つこともできない状態でした。

私は、Bさんが自ら病気を招いているのだと感じました。そこで、対面のセッションを1回、電話でのセッションを3回行って、彼と「病気を手放す」ことについて話し合いました。

そのとき、Bさんは「病気をつくることによって、自分に逃げ道をつくっていたのだと思います」と、言いました。

Bさんは、このままでは命を落とすというところまで追いつめられていました。そこで、生き方を変えようと決意しました。それまでの自分の思考パターンを思い出し、それが一種の生活習慣病であり、精神的なメタボリック症候群であることに気づいたのです。自分が無意識のうちに心のリストカットをしていたと自覚したのです。

「自分を大切にしたい。考え方を変えよう」――そう決意したとたんに、Bさんの心と身体とたましいのバランスは回復していきました。もはや病気に頼る必要がないことがわかったとき、Bさんの症状は軽くなっていったのです。

穏やかに生きるために

一方、命について敏感な子どもたちもいます。

私の知っている例では、たとえば2歳の頃から「死ぬのはいやだ。まだ死にたくない。年をとったら死んでしまうから、大きくなりたくない」と脅えている子どもがいました。

周りの大人たちは、その子がなぜそんなことを言いだすのか理解できず、どう接したらいいか悩んでいました。そこで、アドバイスを求めて私に会いにこられました。

私にはすぐにわかりましたが、その子は自分がまだ使命を達成できていないと知っているために「死ぬのが怖い」と訴えていたのです。

人はどこからきて、どこへ還るのか——インディゴ・チルドレンはそのことを知っています。でも、知っているはずなのに思い出せなくて、悩み苦しむことがあるのです。

また、周囲の無理解によって個性や才能をつぶされたり、生きる方向を見失って、途方に暮れていることもあります。

とはいえ、インディゴ・チルドレンも、幸せに生きることはできます。インディゴ・チルドレンは、本来なら持ち前の才能を発揮して、より自由で新しい世界を創造しつつ幸せになるべきです。自分が幸せになると同時に、周囲も幸せにするような生き方ができるはずです。

大人になっても、インディゴ・チルドレンはその純粋さを失いません。ですから、周りから「いつまでも子どもの心を持ち続けている、才能豊かな人」として認められ、社会で活躍してしかるべきです。

けれど、いま苦しんでいる人でも、方向転換して幸せに向かうことはいつだって可能です。

感受性と才能に恵まれた子どもたちが、これ以上の苦しみを味わわなくてすむように、私はインディゴ・チルドレンに関する知識を、多くの方に持っていただきたいと切望しています。

確かに、インディゴ・チルドレンには繊細で我が強い、神経質でこだわりも強いなどの特徴があるので、育てにくいところはあります。けれど、ちゃんとその子の個性を認めて育てるなら、それらの特徴を長所として生かすことができるのです。

親の理解に恵まれて育てられると、子どもは大きな葛藤を抱えることなく、光の方向にまっすぐ歩むことができます。

「生まれてきてよかった」

「私は私のままでいい」

そう確信できれば人生をスムーズに歩めます。そして、彼らの歩みは周りの大人の人生をもずっと豊かにしてくれるでしょう。

もっとも、気をつけていただきたいのは、子どもを認めるということと放任とがイコールではないということです。まだ人生経験が浅い子どもには、どうしても躾が必要です。子どもの言いなりになったり、わがままな言動をゆるしたりするのではなく、愛に基づいた躾をしなくてはなりません。

では、子どもの心に届く躾とはどのようなものでしょう。大人はどんなことに気をつけて子どもを育てればいいのでしょうか。次章では、具体的な子育てのポイントについて記していきたいと思います。

第4章

ガラス細工の子どもたちを育てるために

子どもとの接し方のポイント

繊細で愛に対して敏感な子どもたちと、どう接していいかわからず、戸惑っている親御さんがたくさんいらっしゃいます。

最初にいちばん大切な接し方のポイントをあげましょう。まず子どもたちは親の所有物ではなく、一人ひとりに意志や個性がある尊い存在だということを忘れないでいただきたいのです。また彼らは嘘を見抜く能力に長けているので、ごまかしてはいけません。もともと一本気で、理解力があり、頭の回転の速い子どもたちであることを常に念頭に置いてください。

また、同じ子育てをするなら、できるだけ楽しく過ごしていただきたいのです。「子育てはこうあるべきだ」という昔ながらの思い込みを捨てて子どもと向き合えば、子育てはもっと楽しくなるはずです。

ここで、タイプ（特徴）別の子育てのポイントをあげてみます。

＊自尊心が高い子ども

⬇その子の存在を認める。自分が尊重されているという実感が持てると、すねたり、かんしゃくを起したりということが減って、子どもは素直な態度を示すようになります。

＊嘘を見抜く能力があり、ごまかしがきかない子ども

⬇子どもだからといって、ごまかさない。また、むやみに子どもを疑わない。まず、親や周りの大人が自ら正直であること。過ちをごまかさないで、まちがえたことを認めて謝りましょう。

＊根拠はないのに「知っている」「わかっている」という感覚がある子ども

⬇子どもの意見や言動を否定しないで、子どもに教えてもらうつもりで接しましょう。

＊命や生きること、または死に対して、特別な思いがある子ども

⬇その子の存在や言葉を真剣に受け止める。愛が大事だということを伝えましょう。

＊すべてをわかっているような、さめた眼をしている子ども

⬇あまり気にしなくてよい。見抜かれているような恐れや子どもに対する苦手意識を手放しましょう。

＊世間一般には「我が強い」と思われがちな言動をする子ども

⬇自己主張をしたい、わかってもらいたい、認められたいとの思いを理解しましょう。

＊人生の先が見えているような言動をする子ども

⬇「子どものくせに生意気だ」と片づけないで、真剣に話を聞いてください。

＊戦士の激しい気性を持っている一方、かぎりなくやさしいというような二面性がある子ども

⬇子どもの性格を個性ととらえて、大切にして個性を伸ばしていきましょう。

＊羞恥心が強く、自分の存在自体を恥と思うような子ども

⬇「恥」を意識する日本文化の影響も受けている子どもです。物事を筋道立てて説明するようにしましょう。

＊あきっぽい子ども

⬇彼らは経験から学ぶことの大切さを本能でわかっているので、何事にもチャレンジをして、経験をしたがります。けれど、物事を見きわめる能力にも優れているので、一瞬で自分の限界がわかってしまうため、これ以上続けても無駄と感じると、すぐにやめてしまうのです。「あきっぽい」と叱らず、信頼して、

本人に任せることが大切。ただし、ルールや約束は守らなくてはならないことを教えてください。

＊直観力が強く、人の心の変化に繊細に反応する子ども

⬇共感力（エンパシィ）が強いので、状況をすぐに察するが、敏感に反応し過ぎることもある子どもたちです。自分の問題と他人の問題を切り離して考えられるように教えましょう。また、人の顔色をうかがって言を左右にせず、自分自身の本当の気持ちを相手に伝えられるように導きましょう。

互いの人格を認めあうことが大切

すべての子育てに共通することですが、心を開いたコミュニケーションが大切です。

とくに優れた感受性と直観力に恵まれている子どもは、尊厳を傷つけられることに敏感で、ごまかしをゆるすことができません。ですから、正直に気持ちや意見を伝え、遠回しな言い方やいやみっぽい言い方は避けるようにしてください。

彼らは納得できないことに対して、がんこに「ちがう！」と言いつづけることが

あります。あまりに一本気で、「適当に受け流す」ことが苦手なのです。そのため、周りの大人は辟易《へきえき》してしまい、彼らを拒否するような態度をとりがちです。子どもはそのために傷ついて無力感に陥り、自分の中に閉じこもってしまうようになります。

正直なコミュニケーションは、お互いの人格を認めあうことからはじまります。もっとも、理屈でわかっていても、それを日常生活で実践するとなるとなかなか難しいかもしれません。

親はつい、子どもを見下すような言い方をしてしまいがちです。

たとえば、朝なかなか起きられない、片づけができない、宿題をしない、歯を磨かない、約束を守らないなど、親が常日頃注意していることを子どもができないと、たいていのお母さんは「だから言ったじゃない!」「何度言わせるの⁉」と叱りつけることが多いのです。

腹立ちまぎれに、こんなセリフをぶつけてしまったことはありませんか?

「毎日毎日同じことを言わせないの!」

「何度言ったらわかるの!」

「いつもそうでしょ!」

「悪い（ダメな）子ね」
「ああ、もうヤダヤダ」
「だれに似たのかしら」
「こんな子に育てた覚えはないわ」
「いい加減にしなさい！　知らないからね」

挙げ句の果てに、「もう知らない」「勝手（好き）にすれば」「出ていきなさい」などと言い放ったりしたことはありませんか？

これは日常的にありがちな光景ですが、そうしたセリフがお子さんの心を傷つけていることに気づいていただきたいのです。

先にあげたような言葉を発したことの結果として、子どもが勝手なことをしたり、出ていってしまったらどうなるでしょう……。親は、自分が責任の持てないことは言ってはいけないのです。見放すようなことを言ってはいけないのです。どんなときにも、子どものいまと未来をあきらめてはいけないのです。

どうぞ、自ら子どものお手本となってください。親や周りの大人は、実践を通じて子どもに教えていかなければならないのです。

子どもたちは一人ひとりが、尊いたましいです。どんなに幼くても、自分で考える力があります。できなかったことや失敗したこと――それらが自分の行動の結果だということは、本人がいちばんよくわかっています。困ったり傷ついたりするのは、その子自身なのです。

どなられたり頭ごなしに叱りとばされると、反省するよりも先に「自分の存在や尊厳を踏みにじられた」ことに深く傷つき、反発します。すると親は、「なんてやっかいな子だろう。親の言うことをちっとも聞かない、強情な子だ」とうんざりしがちです。

はじめはそんな小さなボタンのかけ違いから、親子の溝が広がっていってしまいます。

ですから、そういうときには、どうか基本に立ち返って考えてほしいのです。お母さんがわが子に腹を立てるのは、その子のことが心配だったり、またその子をよりよく育てたいという親心を持っているからではないでしょうか。たとえ思い通りにいかなくて叱る場合でも、心底では子どもを愛する気持ちから、つい文句を言ってしまうのではないのでしょうか。

その「子どもを愛する気持ち」を、もっとストレートに、そのまま言葉に置き換えたらどうでしょう。

たとえば朝起きられないときや、お風呂から出てすぐに着替えずに風邪をひいてしまったとき――つまり子どもが何か失敗をしたときには、頭ごなしに怒るのではなく、その子を信じてください。「どうしたらいいと思う？」と、子どもの意見を聞いてください。そして一緒に考えてほしいのです。

あるいは、子どもが言うことを聞かずに薄着で外出をして、風邪をひいてしまったときには、こう言ってください。

「上着を着ておけばよかったね。あなたが風邪をひくと、お母さんは心配なの。早く元気になろうね」

そう静かに語りかければ、その思いは素直に子どもの心に届きます。

すると、次に寒い日に外出することになったら、子どもは自分から上着を着るか持っていこうとするでしょう。少なくとも、お母さんの「外は寒いわよ。上着を着ていくか、持っていったら」という声かけ一つで、自分がとるべき行動に気づくはずです。

子どもに言葉をかけるときは、頭ごなしに命じるのではなく、「あなたはどう思う？　どうしたい？」という問いかけの表現を用いるように心がけてください。

子どもは小さくても一人前の人間なのだということを認めれば、お母さんがかける言葉も自ずと違ってくるはずです。

たとえば、子どもが夜遅くまで起きていたとしても、イライラして「何時だと思っているの！　遅いから早く寝なさい！」と声を荒らげるのではなく、「もう寝る時間を過ぎているので寝なさい」「明日の朝がつらくなるわよ。お母さんは寝たほうがいいと思うわ」と事実だけを伝えられるようになります。

ただし、注意していただきたいことがあります。

子どもは社会とかかわる経験に乏しく、そのため自ら常に正しい判断を下せるとは言い切れません。ですから、いくつかの選択肢を提示し、自分で考えるチャンスを与えることは大切ですが、子どもに「ノー」と言わせたくないときや、何かを具体的に指導したいときは、そのことを率直に伝える必要があります。

あるお母さんは、「子どもが朝ごはんを食べないで、お菓子ばかり食べるので困っています」と真剣に悩んでいました。

お話をうかがうと、そのお母さんは子どもの意思を尊重したいと思って、毎朝「何を食べたいの？」と、訊《き》いていたそうです。

これでは「お菓子が食べたい」という答えが返ってきても、仕方がありません。

子どもに「どう思うの」と問いかけたり、「〜してほしいの」と頼んだりするのは、子どもが答えを選んでもいいときだけです。

朝ごはんの例なら、「バランスのとれた食事をして、元気に育ってほしい」という思いに焦点を当てて、「栄養になるから、ごはんを食べようね」と伝えてください。

子どもの返事や態度に振り回されないでいただきたいのです。

ただ、朝食の例に関連して言いますと、もともと食が細かったり、アレルギーがあったり、特定の食べ物しか口に入れられない子どももいますので、ごはんを食べようとしない子どもを一概に偏食と決めつけることもできません。

はっきりしているのは、感情的な怒られ方をしたり、躾を受けずに育った子どもは、愛を信じられない悲しい存在になってしまうことです。

子どもの自発性を尊重する

子どもはこれからしようと思っていたことを先回りして命令されることや、威圧的な態度で追い込まれるのをとても嫌がります。

たとえば、子どもは自分で遊びを切り上げ、おもちゃを片づけようとしているとき、大人から「早く片づけなさい！」と言われると、抵抗します。片づける必要があるのはわかっていても、それを上から押しつけられたことに反発して「いやだ！」と拒否してしまうのです。

そんなとき、親までイライラして「何度同じことを言わせるの！」「だらだらしていないで、早くしなさい！」「やるつもりだったのなら、言われる前にさっさとしなさい！」と叱りつけると、子どもはもっと反発し、心を閉ざしてしまいます。これでは親子関係が悪くなるだけです。

だから、子どもを片づけに導きたいときは、「もうすぐご飯だから、その前に片づけようね」「はい、もう遊びは終わり。片づけてね」と優しく語りかけてみてください。

また、「あなたが片づけてくれると助かるわ」というお願い口調で頼むこと、子どもが遊びだす前から「ご飯の前には片づけようね」と約束をした上で遊ばせることなども有効です。

子どもは、脅しや権力には屈せずに立ち向かってきます。でも、自分の存在を認められるとうれしくなるのです。だから、一人前の人間に対するようにきちっと頼みさえすれば、「お母さんの役に立ちたい。よろこばせたい」と自ら積極的におもちゃを片づけるはずです。

そんなふうに子どもがきちんと片づけたら、「ありがとう。きれいになったわね、うれしいわ」と、よろこんであげてください。

「散らかしたのは子どもだから、子どもが片づけるのが当たりまえ」と考える人もいるかもしれません。けれど、「片づいてよかった」という気持ちがわくのも自然なことですので、それをそのまま伝えれば、いい親子関係を築いていけます。

では、「片づけてね」と静かに語りかけても、子どもが無視して遊び続けたり、「いやだ！」と聞く耳を持たなかったりしたときは、どうすればいいでしょうか。

子どもは大人とちがう時間の流れの中を生きています。ですから、大人の眼からはおもちゃが散らかった混乱した部屋にしか見えなくても、子どものイメージの中ではその散らかりように何らかの意味があるのかもしれません。そのことを考慮して、片づけの時間を少し延ばせないか、もう一度考えてみてください。

それでも、どうしても片づけが必要だと判断したら、「なぜいま片づけなくてはならないか」という理由を説明しましょう。子どもの理解力を信じて、見守ってください。または、子どもと一緒に片づけたり、どちらが早く片づけられるか楽しみながら競争をしてみてください。

遊ばせるだけ遊ばせて、本人が寝てしまってからお母さんが片づけをしていたようなケースもあります。そういう例では、子どもが遊んだら片づけをするという習慣を身につけられません。だから、子どもには「片づける」ということの持つ意味が理解できないのです。小さい頃から、何事も自分でさせることを心がけて、できるだけ多くの経験を積ませてください。「まだ○歳だから」などと年齢でできる・できないを決めつけてはいけません。また、下の子が生まれた場合、「お兄（姉）ちゃんだから○○しなさい」などという言葉を使うのは厳禁です。

ここで少し、ご自分が子どもの頃のことを思い出してください。

子どもの頃、これから勉強しようとしていたときや、お手伝いをしなければと思っている矢先に、親から「早くしなさい」と言われて、急にやる気がなくなったという経験がおありではないでしょうか。「大人は子どもの心がちっともわからない」と、不満を覚えた方も多いはずです。

ところが、皮肉なもので、自分が親になると、親にされたこととまったく同じことを繰り返してしまいがちなのです。

私も親になったとたん、かつての自分が優等生だったような錯覚に陥ってしまいました。そして、わが子が社会に出たとき困らないように、きちんと躾けなければと気負って、偉そうにお説教をしたものです。

子どもの心が見えないときや、心が通いあわないと感じたときには、自分がかつてどうだったかを振り返ってみるのもよいと思います。

愛のまなざしで子どもに共感をする

あるお母さんから、こんな相談を受けました。

「外出するたびに、子どもが歩かずに困っています。『おうちに帰りたいよ。だっこして』とぐずるので、私もイライラして、つい『そうやってぐずって歩かないから、いつまでたっても帰れないんでしょ！　さっさと歩きなさい！』とどなりつけてしまいます。またぐずられると思うと、外出が面倒になり、家に閉じこもってしまいます。

すると、子どもも私もよけいにストレスがたまってしまうのです」

私はそのお母さんに、まず子どもの「疲れた」「だっこしてほしい」という気持ちに共感すること、そして、だっこができるときはだっこをして、だっこできないときはその理由を伝えてあげることを提案しました。

「疲れたよね～」

「ごめんね、ママも疲れているから、だっこができないの」

「早く帰れるように、一緒に歩こうね」

「荷物をいっぱい持っているから、だっこできないの。ごめんね」

「ママも、早くお家に帰りたいから競争しよう」

思っていることをそのまま伝えるようにアドバイスをしました。

私のアドバイスを受けて、そのお母さんは子どもが「疲れたよ。歩けないよ」とぐずったとき、「本当ね。ママも疲れたよ。早くお家に帰りたいよ」と共感の言葉をかけてみたそうです。

すると、子どもはぴたりとぐずらなくなって、黙々と歩きはじめたといいます。

その子はきっと、「だっこしてもらいたいくらい、疲れた」ということを、お母さんにわかってもらいたかったのです。だから「疲れた」という自分の気持ちを理解してもらえたと納得できたときには、もうぐずる必要がなくなったのでしょう。

多くの子どもは、自分の気持ちを言葉でうまく伝えられないとき、すぐにつむじを曲げたり、駄々をこねて抵抗をしたりします。そういう子どもは「扱いにくい」と思われがちです。けれど、自分の言い分を頭ごなしに否定されず、理由や状況を率直に説明してもらったり、「あなたはこういう思いなのね」と理解を示してもらえると、子どもは自分の存在が肯定されたと感じます。そして、かたくなな心を開き、自分の道を見つけることができます。ぐずる子どもは得てして意思がはっきりしているので、「わかってもらえた」と感じると、多少の不満を感じていても、上手に気持ちを切り替えることができます。

子どもは常に成長しているので、その欲求はとどまるところを知りません。「ここまでは大丈夫かなぁ」と欲求の枠を広げていきますので、「ダメなものは何度言っても、ぐずってもダメよ」と、言動で覚悟を伝えることも大事です。泣いたりぐずったりして、ほしいものや望む状況を手に入れる「ごね得」を学ばせてはいけません。

親が「ごね得」をねらう子どもに毅然《きぜん》とした態度をとるとき、その子どもが甘やかされて育った「わがままな子」なのか、「意志や自己主張の強い子」なのかがはっきりとわかります。

ただの「わがままな子」だったら、いつまでも「いやなものはいや」とぐずり続けるでしょう。けれど、「意思や自己主張の強い子」の場合、自分の意思や存在が尊重されたとわかると、すぐに気持ちを切り替え、次の行動に移ることができます。

意思や自己主張の強さという個性を尊重されて育てられた子は、何事にも高い理解力を示すものなのです。

子どもにルールを教えることが肝心

いくら賢い子どもでも、子どもはやはり子どもです。彼らはおしなべて我が強く、泣きわめいて手がつけられないようなこともあるでしょう。

子どもにいつまでも泣き叫ばれていると、親は彼が泣きはじめた原因など忘れてしまい、ただ「泣き続けている」という事実にイライラして、子どもに負けないくらいの大声で叱ってしまいがちです。

そんなときは、「いけない。これは罠《わな》だわ」と思い直してください。

深呼吸して、子どもの笑顔やかわいい寝顔を思い浮かべ、ひとまず冷静さを取り戻しましょう。

「叱るとかんしゃくを起こすんです」

「いつまでも駄々をこねるんです」

「ぐずりはじめると、なかなか泣きやまないんです」

などというご相談を受けるときに、私は子どもにルールを教えることをおすすめしています。

「泣いたりぐずっても、ほしいものは手に入らない。ただし泣いたりぐずるのは自由」

そして、子どもを叱るときには、次のようなことをしてはいけません。

＊『うるさい。いい加減にしなさい』と感情的に怒る。
＊3秒ルール（『3秒以内に○○しなさい』と指示してカウントする）を適用する。
＊一人だけ部屋に閉じこめる。
＊子どもを外に出す。
＊「『○○しないと××させない（あげない）』『○○すれば××させる（あげる）』」などと交換条件を出したり、威圧的に反省させる方法をとる。

脅しやお仕置きは躾ではないということを忘れないでほしいのです。

子どもを叱るときには、子どもの目線に合わせて向き合い、「少し考えてみようね」と時間を与え、クールダウンさせます。

すると、子どもは興奮をしずめて、物事を客観的に考える時間を持てるのです。子どもは泣きわめきたいという感情から離れ、自分の行動やそのとき自分が置かれた状態を見直します。

そのように少し時間をとることは、親が冷静さを取り戻すためにも有効だと思うのです。

子どもが親と一緒に「考える時間を持つ」ことに意味があるのです。

お仕置きの意味で独りぼっちで押し入れやお風呂に閉じこめられると、いたずらに不安をかき立てられるばかりで、子どもは物事を冷静に考えることができません。とくに繊細な子どもの場合、お仕置きによってトラウマを残すことも考えられます。お仕置きは虐待という言葉に置き換えられます。ですから、子どもに考える時間や機会を与えることが大切です。それができれば、子どもは「見捨てられた」恐怖を味わわずにすみます。

どんなときにも子どもを信じて、大切な存在であること、そして子どもへの愛を伝えていけば、子どもは自分で考える力を持てるようになります。

考える環境を整えさえすれば、子どもは自分なりに状況を見つめ直し、自ら反省できるのです。

反省を強要しても反発を呼ぶだけですから、親は子どもが自分で反省できるように導けばいいのです。

しかし実際には、子どもの自尊心や信頼、やる気を奪ってしまうような怒り方をしている例が数多く見受けられます。それでは、興奮している子どもはますます泣きさけんだり暴れたりするだけです。

子どもというのは、たとえ2歳児でも、暴れるときにはものすごい力を出します。そんなとき、親は決して力ずくで押さえつけたり、怒りをむきだしにしてどなったりしてはいけません。親が子どもと同じレベルで興奮してはいけないのです。

暴れる子どもは、抱きしめましょう。そして、子どもが冷静を取り戻すまで、愛を持って「泣いても解決しないのよ。それでも泣きたかったら泣くのは自由よ」と繰り返し教えてください。

あきれて見放したり、追いこんでいくのではありません。愛をもって子どもを見守るのです。そして泣きやんだら、思いっきり抱きしめて、ほめてください。

小さい子どもの場合は、泣きやんだだけでよしとしましょう。泣きはじめた原因について、あれこれ諭す必要はありません。

ただ、気性が激しい子どもなどは、いったん泣きだすととまらないこともあります。手がつけられなかったら、「泣きたいだけ泣かせる」という方法もいいでしょう。

かんしゃくを起こして火がついたように泣きさけび、2時間でも3時間でも泣きつづける子もいます。気がすむまで泣かせるのもよいことですが、放置はいけません。嫌われた、見捨てられたと勘違いをしてしまうからです。

ずっと泣いていると喉が渇くので、「お水を飲む？」と話しかけると、それをきっかけとして泣きやむことがあります。

それでも泣きやまないなら、子どもが落ちつきを取り戻して話しかけてくるまで、愛のまなざしで見守ってください。

できれば寄り添っていただきたいのですが、用事があるときなどは、子どもを眺めつづけている必要はなく、たとえば家事などをしてもいいでしょう。けれどその場合も、一言伝えて、心は常に子どもにかけていてください。

頃合いを見計らって、抱きしめてください。「泣きやんだのね」と伝えましょう。

このとき、なるべく子どもの目の高さにしゃがんで話しかけるといいでしょう。

赤ちゃんや子どもにイライラしてしまうときには、魔法の言葉があります。それは「かわいいね」です。

わが子に笑顔で「かわいいね」と伝えてみてください（あなた自身にも有効な言葉です）。あなたの心に何か変化が生まれませんか？

ところが、どなってしまうと、怒りのスイッチが入ってしまいます。すると負のアドレナリンが出るので、余計にイライラして怒り出し、収まりがつかなくなることがあります。

皆さんはわが子に「わ〜」「ギャー」と泣かれるときはどうしていますか？　その泣き声を聞いた途端、イライラのスイッチが入ってしまったり、怒ってはいけないと思えば思うほど怒りがエスカレートして、どなってしまったことはありませんか？

じつは、怒ってはいけないと思うときは、怒りたいときなのです。怒りそうだとわかっているので、怒ってはいけないと予防線を張っているのですが、実際には怒るタイミングを探しているだけなのです。

たとえば、子どもがなかなか寝つかないときなど、どうしていますか？　寝かしつけてホッとしたい、家事をしなければならないし、自分の時間を持ちたくて、「早く寝なさい」とイライラしていませんか？

でも、そうして子どもに怒りをぶつけるとき、それは必ずしも子どもが原因なのではなく、あなたのイライラが原因であることに気づいてほしいのです。怒りの原因があなた自身の内面にあることを理解してください。親がイライラして感情をぶつけたり、見放したりしなければ、子どもは少しずつ「泣いても問題は解決しない」ことを学んでいきます。

わが子が生まれたときのことを思い出してください。ただただ見つめているだけでかわいかったはずです。だから、怒りの感情をぶつけたり、どなったりせずに、「かわいい」と伝えてほしいのです。もし怒ってしまいそうなときには、あなたの怒りのスイッチをオフにしてみてください。

できれば泣きわめく子どもを抱きしめてください。すぐにうまく実行できなくても、あきらめないで続けること、そして、子どもにルールを教えることが大事なのです。

ここで私がカウンセリングを担当したK君（7歳）のことをお話ししたいと思います。

K君はやさしい子ですが、本来は激しい気性の持ち主でもありました。

生まれたときから、いったん泣きだすと何時間でも泣きつづけるようなことがありました。

でも、お母さんがあきらめずに根気づよく接していたら、３歳のときには話し聞かせることで落ち着かせることができるようになりました。

それでも幼稚園や小学校に通うようになると、覚悟はしていても、お母さんがびっくりするようなことが何度も起こりました。私は、そうした出来事の一つひとつを成長の証ととらえる視点を持つように、お母さんにアドバイスをしました。

お母さんは、Ｋくんが嘘をついたときには、あえて「嘘をつかせてしまってごめんね」「本当のことを言うと叱られるからだよね」と伝えました。

また、八つ当たりをしてきたときには、「まちがえちゃったのね。Ｋはやさしい子なのに、こんなことをしたのは、つらいことがあったからなのね」と伝えました。するとＫくんは涙をハラハラとこぼして、「ごめんなさい」と謝ったそうです。

Ｋくんは頭ごなしに怒ったり、無理にでも謝らせようとするときには、意地でも謝らない子でした。でも、自分がしたことを考えさせることで、反省できるようになったのです。

もちろん、子どものすることをなんでもかんでも許容するのでなく、やっていいことと悪いことを教えることも大切です。ただ、何かをしてもしなくてもその子の価値には関係がなく、大切な子どもで大好きで愛していると伝えてください。悪いことをする＝悪い子ではありません。何が悪いことなのかを教えることは、悪いことをするのは賛成できないというメッセージを伝えることとイコールなのです。

子どもを叱るときには、ルールに一貫性を持たせることも大事です。昨日ゆるされたことが今日はゆるされない――そんな一貫性のない叱り方では、子どもは混乱してしまいます。大人の都合で態度を日和見《ひよりみ》的にコロコロと変えてしまってはいけません。

また、自分の気持ちを言葉でうまく表現できない子の中には、（幼くて言葉の話せない乳幼児も含みます）人を叩いてしまう子もいます。人を叩くというのはもちろん、いいことではありませんが、それはその子なりのコミュニケーションの方法だったりすることもあります。叩かないで表現ができる方法を一緒に考えてみましょう。または、人を叩いても何も解決しないことを根気づよく教えましょう。

大切なのは、たとえば「人を叩く」という行為の善し悪しだけで、その子どもの全体像をとらえないことです。行為の善悪で子ども自身を裁かないことです。

わが子のわがままさ、だだっ子ぶりに手こずっている方は多くいらっしゃると思います。でも、子どもの成長は早いものです。彼らはすぐに物事を学び、レベルアップしていきます。大人のほうこそ、子どもにおいていかれないように、成長していきたいものだと思います。

子育ては、周りの人の協力がなければ成り立たない仕事ですし、親にはかぎりない忍耐力が求められます。でも、これほど生産性の高い、偉大な仕事がほかにあるでしょうか。

子どもが見ている世界を裁かない

子どもは、「自分は自分、私はなんでも知っている」という高いプライドを持っています。それが鼻につくという親御さんもいらっしゃいますが、成長するにつれていつのまにか、子ども自身がそんなプライドは無用だと気づきます。

気づくまでの間、子どもはいろいろな勘違いをしたり、まちがえたり、自分勝手な思い込みを抱いたりします。でも、「私はなんでも知っている」というのは、その子にとっては心理的な意味で真実なのです。

ですから、子どもの思い込みを責めてはいけません。

「嘘つきだ」

「子どものくせに、なまいきだ」

「わけのわからないこと言っている」

そんな言葉で批判したりせず、ありのままのその子を受けとめて、温かい目で見守ってあげてください。

これはすべての子育てに共通する基本でもありますが、親の考える「よい・悪い」や「好き・嫌い」で子どもを裁いたり、軽々しく決めつけたりしないでほしいのです。

とくにインディゴ・チルドレンの場合、この世を超えた世界を「知っている」という感覚が強いという特徴があります。

彼らには、一般の人には見えないもの、この世には存在しないと思われている存在が見えたり、その存在とコミュニケーションができたりすることが多いのです。

「天使と一緒に遊んだよ」

「妖精が見えるよ」

「死んだおじいちゃんに会ったよ」

「生まれる前は、空の上から見ていたんだよ」

そんなことを語ったり、また神さまや仏さまの話が大好きだったりするのがインディゴ・チルドレンです。

中には植物や動物とおしゃべりする子や、「見えない友だち」のいる天井に向かって話しかけたりする子もいます。

私の孫のかずやも、幼少時の不思議な記憶をたくさん持った子どもです。

2歳半のとき、かずやには同じスポーツクラブに通う友だちができました。かずやを含めた3人グループは、まるで前世からの仲間のように、急速に親しくなりました。

そして、偶然にも3人とも同じバイクのおもちゃをちがう時期に購入して、持っていたことがわかったのです。

あるとき、かずやは母親に向けて、こんなことを言い出しました。

「マミーとバイクに乗ったら、死んじゃうんだよ」

「マミーが男の子でぼくが女の子のとき、事故で死んじゃった。だからマミーはバイクに乗っちゃいけないんだよ」

母親、つまり私の娘は、「これは前世の記憶かもしれない」と思い、同じバイクのおもちゃを持つ2人のお友だちにも聞いてみました。するとその2人からも、「バイクに乗って、死んじゃったんだ」「ぼくも、そうだ」という答えが返ってきました。

3人は前世ではオートバイ仲間で、グループで事故を起こし、死んでしまったというのです。

かずやは、ほかにも不思議なことをいろいろ口にしました。生まれる前にお空の雲の中にいたこと、また亡くなった私の次男のことなどです。そう、かずやはどうも、私の次男の生まれ変わりのようなのです。もう一度次男に会いたいと願い、きっと会えると根拠のない確信を持っていた私は、かずやが語る言葉にどれほどよろこび、また同時に切ない思いをしたことでしょう！

ただ、たとえ同じ魂の生まれ変わりだとしても、前世のその人と今生のその人を同一視してはいけません。2人を別々の人格として扱わなくてはならないのです。そのことも、かずやに教えられたことの一つです。生まれてきた子に、逝ってしまった命への思いを重ねることは、その子の存在を無視することにつながります。ちなみに流産や死産で喪った子どもの生まれ変わりに対する場合も同じです。

娘も私も、この世を超えた世界を認めているので、かずやの話をそのまま受け止めることができました。

けれど、そういった知識のない親御さんの中には、子どもが見えない世界について話しだすと、頭から否定する方もおられるようです。

私自身、小さい頃、天使や妖精、動物と話したと母親に話したところ、「何をばかなこと言っているの。嘘をついたらいけません」と叱られて、深く傷つきました。そして、だれにもそのことを語らなくなり、霊的な能力を自らシャットアウトしたのです。それは、とてもつらい経験でした。

実際に何かが見えているのに、それを「おかしい。嘘つきだ」と批判されると、子どもは「自分は変なんだ」と思い込み、強い自己否定に落ち込んでしまいます。

スピリチュアルな世界をテーマにしたテレビ番組はおもしろがるのに、いざ自分の子が「視える」となると、驚いたり否定したりするのはいかがなものか、と思います。

アメリカでは、サイキックの子どもを集めたキャンプが開催され、それぞれの能力を伸ばす試みもあるようです。日本でも、インディゴ・チルドレンが認知されるにつれて、今後はそのような動きがもっと生まれてくるかもしれません。

一方で、頭から否定するのとは正反対に、子どもが見えない世界の話をはじめると、根ほり葉ほり聞いて質問攻めにして詳しく聞きたがる方もいらっしゃるようですが、子どもはそういうことを望んでいるのではないと思います。

子どもは、ただ自分の世界を、そのまま受け止めてほしいだけなのです。別に気の利いたコメントがほしいわけでもなく、「そうなの」と言ってもらいたいだけなのです。

自分の世界を正直に語っても、否定されず、裁かれず、「あなたにはそう見えるのね」とシンプルに受け入れられることで、子どもは安心します。

また、子どもが「視える」ことを、「すごいね！　お母さんも見てみたいわ」とうらやましがる必要もありません。親が「見えない世界」を特別視すると、子どもは親をよろこばせたい一心で、作り話をしてしまうかもしれないからです。

それよりも、子どもが年齢を重ね、いつも「見えない世界」について語っていた彼が、ある日、突然、それについて語るのをやめたとき、気をつけてもらいたいと思います。

もしかしたら、友だちやほかの大人に「でたらめばっかり言っている」と批判されたり、からかわれたりして、傷ついているのかもしれません。そんなときは、「最近は、妖精さんのお話をしないのね。どうしたの」と聞いてあげてください。そして、だれが何といおうと「私はあなたの世界を認めている」ことを伝えて、子どもの心をケアしてほしいと思います。

現代人は、目に見える世界しか信じないように教えこまれているせいで、「見えない世界」を否定しがちです。

けれど、心、気持ち、愛は、どこにあるのでしょうか。実際に人体解剖をしても身体の中に心や愛は見つけられません。しかし、人には、心や愛が存在することを、私たちは知っています。「見えない世界」は、確かに存在するのです。

表面的には「見えない世界」を否定している人も、心のどこかで、生きる意味の源泉として、「見えない世界」を求めています。

そういう人は超常現象に免疫がないため、カルト教団などでちょっとした霊的現象に出会うと、「探していたものが見つかった」と過剰反応してしまい、のめり込んで、バランスを崩してしまいがちです。これは社会的な問題のように思います。

子どもをコントロールしない

子どもが求めているのは共感の言葉であり、お説教ではありません。

心動かす出来事があったとき、だれかに共感してもらうと、子どもはその事実を受け入れることができます。それは「妖精が視えた」ときや、何か楽しい体験をしたときだけでなく、トラブルがあったときも同じです。

子どもは、「ぼく、悲しかったんだ」と口にしたとき、「そうなんだ、悲しかったんだね」という答えが返ってくると、「共感してもらえた」と、とてもよろこびます。その事実を支えに、自分でトラブルを乗り越えることができるようになるのです。

大人は、つい「がんばれ」と励ましたり、手をさしのべてトラブルを一緒に解決しようとしがちですが、それらは多くの場合、よけいなお世話なのです。

では、子どもが何かをうまくできなかったときや失敗をしたとき、どう対応すればいいのでしょう?

大人は、つい「だから言ったじゃない」と叱ったり、「私の言うことを聞かないからよ」などと手前勝手なアドバイスを送りがちです。

失敗をして困っている、傷ついているのは当事者なのです。本人がいちばんわかっているのです。子どもに傷ついてほしくない、成功してほしいと思うのでしたら、「困ったね」「悲しいね」と彼の気持ちに寄り添ってあげることが大切です。これは子どもに対するときだけでなく、大人同士の関係にも当てはまります。その人を思う気持ちを正直に伝えることができると、自分も人も幸せになります。

子どもたちは自立心が旺盛なので、親の干渉に人一倍反発します。ところが、それを理解できない親は、親の権威を振りかざして、子どもたちをコントロールしようとするのです。

子どもが成人した後まで干渉を続ける親も多く、それが親子間のトラブルを引き起こすケースもままあります。

私の母も、その一人です。現在の母は認知症が進んでいて、私の名前を思い出せなかったり、私の娘を自分の娘と勘違いするほどですが、いまだに「その洋服は似合わないわよ」「少し忙しすぎるんじゃないの!?　お断りしなさい」「人の話はちゃんと聞きなさい！」などと言って私をいましめ、言うことを聞かせようとします。

私はもう孫もいるような年齢ですが、母にとっては何歳になっても娘は娘、保護しなければならない存在なのでしょう。母には悪意はまったくないので、心配してくれる親心をありがたいとは思うのですが、善意の押しつけがうるさくてめんどくさいと思った時期もありました。その後、いろいろな経験を重ねて、いまでは何を言われても母を愛おしいと思えるようになりました。

けれど、自分の生き方を確立しようともがいている思春期の子どもにとって、親の過干渉はうっとうしいと思ってしまうものです。親が口出しすればするほど子どもの反発を招き、親子関係はかえって悪くなるばかりです。

親子関係は一夜にしてなるものではありません。幼いときから築いてきた関係の延長線上に「いま」があります。子どもがトラブルを抱えていればいるほど、親は「子どもを信じて見守る」姿勢でいなければなりません。

子どもを一人前のたましいと認め、尊重することを忘れなければ、そのときどきで自然に望ましい接し方ができるのです。

親だから、えらいのではないのです。

親だから、すべてをわかっているわけでもありません。

確かに、子どもは人生経験が浅いため、はらはらすることをしでかすときもあるでしょう。けれど、親はすべてを知っていて、いつでも正しく子どもを教え導けると考えるのは、あまりに非現実的です。

子育てでよくある勘違いは、「私がこの子をきちんと育てなければ」という思い込みです。そんなふうに思っていると、親も子どももつらくなる一方です。

私自身、自分の子育てでは、そんな勘違いをしてきました。

けれど、親だって知らないことはできませんし、まちがえることもあります。子どもを育てていくプロセスで、子どもと一緒に試行錯誤しながら、親になっていくのです。

そもそも、子どもはみんな、「親の成長を助ける」という役目を持って生まれてきています。親は子どもをパートナーとみなし、子どもが本当は何を求めているのかを考えて、そのときどきで軌道修正していかなくてはなりません。

子どもを信じて待つ姿勢

幼い子どもを育てているお母さんを見ていて、気になっていることがあります。

子どもは、人から物をいただくと、「わーい！」と大よろこびします。うれしいから、よろこびを全身で感じたり表現したりするのです。おおっぴらに歓声を上げる子と、そうでない子がいますが、まず「うれしい」という気持ちが先にきます。

その後、すぐに「ありがとう」という言葉が続けばいいのですが、よろこびのあまりそこまで気が回らない子や、「ありがとう」を恥ずかしくて言えないという子も多いのです。

そんなとき、たいてい隣にいる親は、すかさず「ありがとうは？　ありがとうって言いなさい」と、たたみかけるように言います。

確かに、あいさつやお礼の仕方を教えることは大切です。けれど、子どもを信じて待つ姿勢は、もっと大事です。

頭ごなしに叱られると、のどもとまで出かかっていた「ありがとう」も引っ込み、子どもはかたくなに口を閉ざしてしまいます。

子どもにお礼を言わせたかったら、まず一呼吸おいて、子どもの様子を見てください。

そのとき、子どもがどんな表情をしているかを観察し、何を感じているのかを推察するのです。

「ありがとう」と言おうとしているかどうか、ちょっと待ってみるのです。それでもお礼を忘れているようなら、親が代わりに「ありがとうございます」と言えばいいだけのことです。すると、子どもは親の姿を見て、お礼を述べるべき場面を学びます。

躾は世間体のためではなく、子どものためにあるのです。

これは本当に、ごくささやかな例です。でも、そんなところから、親が子どもを尊重しているかどうかがわかるような気がします。

「ありがとうは？」と迫る親自身が、言葉の上だけではない心からの「ありがとう」

という感謝を、暮らしの中できちんと感じて伝えていないように思います。

実際、子どもが親をよろこばせることをしても、親はなかなか「ありがとう」を伝えていないのではないでしょうか。

悪さをすると叱られるのに、いいことをしてもきちんと認められず、ほめられない――これでは子どもの立つ瀬がありません。いいことはやって当たり前。まちがったら厳しく指導される。それは、子どもにとってはすごく生きづらいことです。

そもそも、たとえば子どもが「ありがとう」を言えないのは、生まれたときからの子育ての反映です。無視をしたり、嘘をついたり、反抗する子に育てたのは親自身なのです。

ここでご自身の子育てを振り返りましょう。

大切な子どもだと言葉や態度で伝えましたか？

しっかり抱きしめましたか？

大好きと伝えていますか？

充分にかわいがっていますか？

「疲れている、忙しい」などという大人側の理由で子どもの話を聞かなかったり、一緒に遊ぶことを放棄してきませんでしたか？

親の現実を子どもに押しつけたり、子どものせいにしていませんか？

親が子どもとのコミュニケーションを放棄しているにもかかわらず、子どもを叱ったり、自分の思いのままにコントロールしようとしても無理なのです。

でも、子育てに手遅れはありません。

時間がかかるかもしれませんが、いまから一つずつはじめてみませんか？　親子で仲よく幸せに過ごしているイメージを楽しみながら、そこに向かって進んでいってください。

「いままでの子育てはまちがえていた」と思ったら

親心というのは、やっかいなものです。

わが子の幸せを願う気持ちが出発点にあっても、「よりよい人生を送るには、ぜひこういう子であってほしい」という思いが高じて、子どもに「こういう子でいないといけない。言うことを聞かない子は認めない。嫌いだ。ゆるせない。愛せない」というメッセージを送ってしまうこともあります。

それは、子どもの成長にはまったく役に立ちません。それどころか、子どもの心を傷つけ、親子関係をずたずたにするだけです。

セッションにいらした親御さんから、「これまでの子どもへの接し方、まちがっていました。取り戻せるでしょうか」という相談を受けることがあります。

そんなとき、私は「その思いを、きちんと言葉にして、お子さんに伝えてみたらいかがですか」とお伝えします。

親がまちがったことをしたと自覚したら、その時点で子どもに心から謝ることが大切です。

ただし、誠心誠意、謝らなくてはなりません。

「はいはい、悪かったね」などと口先だけで謝ったりすると、子どもは「本気で謝っていない」と烈火のごとく怒り出すこともあります。

子どもに謝ってしまうと親の権威が地に落ちるなどと思う必要はありません。むしろ、子どもは自分を尊重して本音を語ってくれる親を尊敬し、大好きになるでしょう。とくに小学生くらいまでの子どもは、親の気持ちを素直に受け止めてくれます。

あるお母さんは、子どもが7歳になったとき、ふとしたきっかけで、それまでのわが子への接し方が虐待だったことに気づきました。

よかれと思ってしていたことが、結局、子ども自身のためではなく、世間から見た「よい子」をつくるための自分勝手な躾だったと自覚したのです。

そのお母さんは、「いままでのお母さん、まちがっていたね」と率直に謝りました。子どもは「いいよ。お母さんは知らなかっただけだから。でもこれからは気をつけてね。お母さん、大好き」と言って、お母さんに抱きついたそうです。

お母さんは泣いて謝り、心から反省しました。すると、お母さんの子どもへの対応は、自然に変わりました。子どもはそれを素直に受け入れて、親子の絆は強まっていったそうです。

親は子どもに、「まちがえたら、謝りなさい」と教えます。

でも、そう言う前に、まず親自身が「ごめんなさい」と言い、お手本になればいいのです。

もっとも、親子関係がこじれたまま歳月が経ち、子どもが中学生以上の年齢になっている場合には、親の反省はすぐには受け止めてもらえないことが多くなります。長い間につもりつもった不信感をぬぐい去るまでには、時間がかかるのです。

強く反抗される場合には、その態度は、それまで甘えられなかった子どもの心の叫びと思って、とことんつき合っていただきたいと思います。

さて、それまで絶対の存在だった親に突然謝られると、どうしていいかわからなくなって不安を覚え、親に不信感を持ってしまう子もいます。

そういう場合には、「あなたが本心で望んでいたことを理解できなくてごめんなさい。あのときは正しいと思ったのだけれど、まちがっていたことに気がついたの」と伝えてください。

子どもは、親が本当に反省したのかどうか、試すような行動をします。わざと親を困らせる行動をとりますが、それは親の反応をためす確認作業なのです。親子関係を回復していくプロセスでは、そうしたことがまま起こります。けれど、反省をしているなら揺れ動かないでください。だれよりも子どもを愛している気持ちに自信を持って接してくだされば、その思いはいつか子どもに伝わります。

子どもを受け入れられないお母さん

子育ての最中にあるお母さんに、お願いしたいことがあります。

それは、ありのままのわが子を認めること、受け入れることができないときに、それを子育て放棄の口実にしてもらいたくないということです。

「育てづらいけど、障がいがあるわけじゃなくて、インディゴ・チルドレンなんだから、まあいいわ」

「インディゴ・チルドレンだから、我が強くてもしかたない」

そんなあきらめの言葉を口にするお母さんがいます。

また、「私とそっくりで、イライラする」と苛立つお母さんがいます。

とくに、お母さん自身が未解決の問題や葛藤を抱えているときに、そういう問題が生じやすいようです。

子どもと向き合うときには、自分の心のもやもやも見つめなくてはなりません。それがいやで、子どもとのコミュニケーションから逃げてしまってはいけません。

そういうお母さんは、子どもが騒いだらお菓子を与えたり、かんしゃくを起こしたらひたすら甘やかすなど、その場しのぎの対応に終始してしまいがちです。それは、子育てから逃げることを意味します。文句を言いながらも、結局は子どものご機嫌をとったり、言いなりになってしまうのはまちがいです。最終的には、お母さん自身が疲れはてて「もう知らない！　勝手にしなさい」とどなったり、突き放してしまう結果になります。

子どもが求めているのはそんなことではありません。子どもはお菓子が欲しいわけでも、甘やかされたいわけでもないのです。

子どもはただ、お母さんにきちんと向き合ってもらいたいのです。その願いがかなえられない子どもは、ストレスがたまってますます暴力的になります。するとお母さんは、ますます子どもと向き合うことから逃げ出し、そのときどきの気分で謝ったり、逆に突き放したりするという悪循環にはまってしまいがちです。

以前、こんなお母さんがいました。彼女はなんでも子どもの言う通りに従いながら、一方で「この子、本当にいやなの。私と相性が悪いの」と子どもの前でも口走り、子どもを傷つけていました。

私には「ちゃんと私を見て！」という子どもの心の叫びが聞こえてきて、せつなくなりました。

お母さんに問題があるケースも多い

以前、とても気になる親子がいました。子どもの問題を抱えてカウンセリングを受けにみえる事例では、お母さんに課題があるケースが多いのですが、その典型的なケースだったように思います。

そのお母さんは、小学生のAちゃんを連れてきて、「この子を普通の子にしてください」とおっしゃいました。Aちゃんはたえず動き回り、机に向かって座ったり、きちんとあいさつしたり、人と会話したりすることができない子でした。

とりあえず、仕事を手伝ってくれていた娘にAちゃんの世話をまかせ、私はお母さんと話をすることにしました。

「お母さんは『普通の子』とおっしゃいますが、普通の子とはどんな子ですか」

私がそう尋ねると、お母さんは次のように断言しました。

「普通に、当たり前のことができる子です。こんな子、いりません。死んでくれればいいって思います」

私はびっくりして、「本当に死んでしまったら、どうするのですか」と尋ねました。

お母さんからは、「死んでみなくちゃ、わかりません」と投げやりな答えが返ってきました。私は思わず、こう言いました。

「人生、何があるかわかりませんよ。Aちゃんにもしものことがあったら、『私が死んでしまえばいいと思ったから?』って、つらくなるかもしれませんよ」

けれどお母さんは、表情一つ変えず、「それはなんとも言えません。わかりません」と言うのです。

お母さんは人に心を閉ざし、感情をブロックしていました。でも、それ以前に、わが子を受け入れていませんでした。

お母さん自身が「傷ついたインディゴ・チルドレン」だったのです。

お話をうかがうと、やはり、お母さん自身が親子関係の問題を抱えていました。

彼女は次女として生まれ育ちました。後から生まれてきた者の特権として、長女と親との関係をじっくり観察しました。要領の悪い姉が、しょっちゅう親に叱られるのをじっと見ていました。そのため、叱られずにうまく生きていく術を身につけていたのです。よい子でいるため、いつも親や周りの人の顔色を見ながら生活してきました。そんなふうに成長していく中で、自分の感情がわからなくなってしまっていたのです。

一通り事情を聞いた後、Aちゃんを部屋に呼び戻しました。彼女の様子を見ると、明らかに知的障がいがあることがわかりました。

Aちゃんは私の反応を見ながら、すぐに私を叩いてきました。よほどストレスがたまっていたのでしょう。そこで、私はやんわりと「叩くのはだめよ」と注意してみました。すると、お母さんから「ほとんど話せない子です」と説明を受けていたのに、Aちゃんは叩くのをやめて、おしゃべりをはじめたのです。

1時間ほど遊んだ後、私はお母さんに、「上手にお話しできますよ。いい子ですね」と言いました。

するとお母さんは、初めて表情をほころばせて、「そうです。うちの子、いい子なんです」と言ってくれたのです。

お母さんは、躾と称し、女の子を叱るときはいつも叩いていました。学校の先生にも、「厳しく躾けてください」と頼んでいたそうです。

私は「それはまちがいですよ。子どもには子どもの思いがあるのです。頭ごなしにどなったり叩いたりするのはやめてください」とお願いしました。

翌日、お母さんは再びいらして、「おねしょをしたけれど、私は叱りませんでした」と報告してくれました。

じつは、私のセッションを受けた当日、Aちゃんは初めておねしょをしたというのです。それは、彼女が初めてお母さんに受け入れてもらえたとわかり、安心した証拠です。

私は「お母さん、叱らなかったのですね。ありがとう」とお礼を言いました。

その後1週間、Aちゃんの「おためし行動」が続きました。お母さんが本当に自分を受け入れてくれたのか確かめるため、わざと困らせる行動をして、お母さんの反応を見ていたのです。

数日後お会いしたときには、親子の関係が逆転していました。Aちゃんが、お母さんをひどく殴るのです。お母さんは、「子どもを叩かないで」という私の言葉を守って、叩き返しはしませんでしたが、叱ることもせず、殴られるままになっていました。

そこで私は、「お母さんが叩き返さないのはいいことですが、『叩いてはいけません』って、きちんと教えなくてはいけませんよ」とアドバイスしました。

その後、私たちはお父さんも交えてセッションをするようになりました。お父さんは私を深く信頼してくださったようです。

Aちゃんは、塾に通わされたり習い事をさせられたりするより、ただお母さんのそばにいたかったのです。お母さんに「そのままの自分」を受け止めてもらいたいと強く望んでいました。Aちゃんのその気持ちを尊重することで、セッションはいい方向に進んでいました。

けれど、しばらくすると、お母さんは再び「学校の先生に『普通の子と同じように、座って授業を受けられるよう、ちゃんと躾をしてください』と頼みました」と言い出したのです。

私は、お母さんをこう諭しました。

「学校にそれを期待するのは無理ですよ。だいいち、『普通の子』ってなんですか。世間を騒がす事件を起こした子だって、『普通の子だった』って言われるじゃないですか。それに、Aちゃんはだれにもなんの迷惑もかけていないのですよ」

けれど、お母さんは「世間にこの子を変だって思われたくないんです」と言い張るのです。

「お母さんのいまの苦しみを解決するには、まず、お母さん自身が変わる必要があるのではないでしょうか。お母さんだって、小さい頃、親に『こうあってほしい』と求められて苦しかったでしょう？　ありのままの自分を認めてほしかったのではないですか」

私は、よく言い聞かせるように、そうお話ししました。

すると、お母さんは「先生はわかってくれない。私の気持ちを受け入れるのがカウンセリングでしょう？」と怒り出してしまいました。

お母さんは、カウンセリングの勉強もたくさんしていて、さまざまな心理療法に詳しかったのです。

そこで私は、こう言いました。

「おっしゃることはごもっともですが、私がお母さんを受け入れるより、お母さんがAちゃんを受け入れることのほうが大切ではないのでしょうか」

それでもお母さんは、「問題なのは、子どもなんです。この子をなんとかしてください」と言うばかりでした。

私は、こうおすすめするよりありませんでした。

「それは無理です、ごめんなさい。お母さんと一緒に考えて、一緒に取り組んでいくことはできるかもしれないけれど、それにはまずお母さん自身が変わらないと。お父さんは『娘が居心地のいい場所を見つけたい』とおっしゃっています。お母さんが『あの子は普通じゃない』とおっしゃったので申し上げますが、特別支援教育の相談をされたり、個性を伸ばすことをお考えになられたらどうですか」

お母さんは「もう、ここにはきません」と言い、私の提案はシャットアウトされてしまいました。それで、その親子とはいったん連絡が途絶えました。

彼らのことは、その後もずっと気にかかっていました。でも、「もう、きません」と言って帰ってしまってから数ヶ月ほど後、またセッションにいらっしゃるようになりました。私はほっとしました。

お母さんは、少しずつですが考え方を変えてくださるようになっています。

子どもは親を成長させるために生まれてくる

障がいがあるなど育てにくい子どもをお持ちのお母さんから、「妊娠を迷っています」という相談を受けることがあります。

障がいを抱えたお子さんをお持ちのあるお母さんは、私の前でこう言い切りました。

「どうしてあの子は私のところに生まれてきたのでしょう。この次はどんな子が生まれるかと思うと、怖くて妊娠できません。あの子だけでも苦労しているのに、2人も育てられません。もしも妊娠するなら、絶対に出生前に障がいがないかどうか検査して、もし可能性が高かったら中絶します」

確かに、育てにくい子を授かると親は大変です。人によって家庭環境や生活状況もちがいますから、検査を受けるかどうか、出産をするかどうかは、それぞれが責任を持って決めていくべきことです。

もっとも、最近のお母さんたちは、たとえ障がいのない子が生まれても、子どもの成長にともなって「私の言うことをよく聞くなら、かわいいんだけど」「成績がよかったら、愛せるんだけど」などと、子どもに次々に条件を突きつけていくのが現実のような気がします。

そもそも、どれほど検査をしたところで、どんな子が生まれるのかは生まれてみるまでわかりません。目に見える障がいはなくても、体の内部、またコミュニケーション力などに障がいがあるかもしれないのですから……。

すべての子どもは、お母さんが大好きで、お母さんを選んで生まれてきます。無条件の愛を実践することで、お母さんが人間的な成長を遂げるチャンスをプレゼントしたいと思っています。親のつとめは、そんな子どもの真摯《しんし》な思いを受け止めて、生き方の幅を広げていくことではないでしょうか。

親になろうとする人には、「どんな子であろうと、私はこの子を産んで育てていく」という覚悟を持ってもらいたいのです。

さて、その2人目の妊娠を迷っているお母さんから、あるとき「みどりさんは次の子は健康だと思いますか」と質問されました。

「なんとも言えません。でも、もしお母さんご自身がお考えを変えないなら、ありのままの子どもを受け入れることを学ぶために、また上のお子さんと同じような子が生まれるかもしれませんね」

私がそう答えると、お母さんはひどく気分を害しておられました。

お母さんの「ちゃんとした子を産みたい」という願いが、子どもへの依存になっていることが、私は気になりました。赤ちゃんは、お母さんの役に立とうと思って生まれてきます。お母さんの世間体や見栄のためではなく、お母さんのたましいの成長を助けるために、やってくるのです。

上のお子さんも、お母さんを苦しませるために生まれてきたのではありません。いまのお母さんが成長するために、最もふさわしい子どもとして、お母さんのもとにやってきたのです。だから、それを受け入れてもらえないと、子どもは深く傷ついてしまいます。

妊娠中に赤ちゃんに障がいがあることがわかったり、あるいは何かほかの事情があって、人工流産を考える方は多くいらっしゃいます。私は、それはそれでよいのだと思います。誕生を待ち望まれ、満面の笑みで祝福されて生まれてくる子ばかりではありませんし、出産を迷っているときというのは、「産む・産まない」の問題ではなく、どちらを選んでも、結局、後になって後悔することが多いのですから……。

子どもはお腹の中にいるときから、自分が受け入れられているかそうでないかを充分に理解しています。ですから、望まない子を無理をして産んでも、子育てには難しいものがありますし、その後の人生に大きな影を落とします。お母さんが出産を望まなかった子——たとえば障がいを持つ子どもを育てるのには、本当に覚悟がいります。でも、障がいを持つ子どもというのは、実際には子育てをしながらさまざまな困難を乗り越えていく過程で、親を成長させるためにきてくれた子なのです。ですから、わが子とともに愛と希望を持って過ごすことが大切なのですが、素直にそう思えないのが人の性《さが》なのかもしれません。

私の亡くなった息子は、いじめが原因で頭にケガをして後天性のテンカンになりました。意識のなくなるような大発作は5歳のときに一度起こしただけでしたが、いつまた発作が起こるのかという不安や恐れが常にありました。彼を育てていた日々は、病気に対する心配はもとより、薬の副作用の心配など、さまざまな問題で疲れきる毎日でした。

30年以上も前のことですが、当時の私には本音で語れる場はなく、不安や心の闇を相談できる人はいませんでした。また、周りに同情をされたくなかったので、一人で悩み苦しみました。

いまの私は、たとえ子どもに障がいがあっても、家族みんながにこやかに暮らすことができると断言できます。

私の知っているお母さんに、ダウン症の5歳のお子さんを育てている方がいらっしゃいます。彼女は、「私の人生、幸せです」と穏やかに語っておられます。

もちろん、その彼女とて、最初からまったく葛藤を覚えなかったはずはありません。現実を受け止めて生きているからこその言葉だと思います。

そのお子さんの場合、合併症もあるので、ご家族は「明日には死んでしまうかもしれない」という不安と隣り合わせの毎日を過ごしています。

それでも、お母さんは「せっかく私たちのもとにきてくれたんですから」と、ありのままのわが子を受け入れていました。

その子の場合、表情や行動にこそダウン症の特徴が現れていますが、絵の才能が素晴らしく、また人の心を読みとるのにも長けています。

同じダウン症の子どもを育てている仲間に「どんなふうに育てたの」と聞かれるくらい、落ちついているのだそうです。お母さんは、「この子が生まれてから、家族みんなが成長しました。この子のいない人生は、考えられません」と語っておられます。

セッションにおいでになる方の中にもう一人、ダウン症のお子さんを抱えたお母さんがいらっしゃいます。その子は、かわいい顔立ちで、また素晴らしい理解力を備えた天使のような3歳児です。

その子が2歳になる頃に、初めて会ったのですが、そのとき、お母さんに「かわいいかわいいと言いながら全身を撫でたり抱きしめてください。スキンシップと声掛けを一つでも多くしてください」とお伝えしました。

お母さんは、「それを日々実践するようになってから反応がまったく違ってきました。楽しみです」と言われました。

いまでは、お母さんのかわいい自慢の息子になっています。

手がかからない子どもはいない

そもそも子どもとは、障がいがあろうがなかろうが手がかかるし、いたずらでわがままで自分勝手で、親の言うことなど聞かないものです。子どもは本来、遊びの天才なのです。ふざけたり、汚い言葉を吐いたり、汚いことをするのが大好きです。

だからこそ、親や周りの大人が愛をそそぎ、手と時間と言葉をかけて大切に育てていかなければならないのです。

子どもは言葉や手をかけられ、愛情を持って育てられることで、愛されているのを実感しながら成長していきます。

子育てでは、子どもと過ごす過程が大切なのです。手をかけたら甘えん坊になるというのは誤解で、実際には、子どもは手をかけたぶんだけ早く自立できるようになります。

私には、子どもは手のかかるものという常識に当てはまらないという意味で、とても気にかかっている女の子がいます。

その子は1歳頃から、おもちゃやテレビを与えられて、放っておかれています。求めるままに与えられたおもちゃを順番に手にとって、1時間でも2時間でも一人で過ごしているのです。

「この子はおもちゃさえあれば、一日中、一人で遊べる子なの。楽でいいけれど、女の子は活発じゃないから、つまらないわ」

そうお母さんは言っています。でも、それはちがうのです。手のかからない子どもなんて、一人もいないのです。その子は、親があまり子どもに手をかけたくないと思い、そのように育てられているため、手がかからないふりをしているだけなのです。

その子は自分のさみしさから目をそらすうちに、あらゆる感情をブロックしてしまうようになるでしょう。

このケースは、以前から社会問題となっている「サイレントベビー」を想起させます。

サイレントベビーとは、泣くことも笑うことも少ない、おとなしい赤ちゃんのことです。そういう赤ちゃんが現れる原因は、主にお母さんとのコミュニケーション不足だといわれています。

赤ちゃんとのかかわり方がわからないお母さんが、赤ちゃんが泣いてもあやさず、話しかけないでいると、赤ちゃんは泣いてもむだだと思い込み、コミュニケーションをあきらめて、自分の気持ちを表さなくなってしまうのです。

「泣いても抱っこせず、自立を促す」

「おっぱいは時間を決めて与える」

戦後に一世を風靡《ふうび》したそんな育児法が、お母さんと子どもの絆を断ち切ってしまいました。

近年、赤ちゃんとのスキンシップの大切さが再認識されるようになりましたが、産科の現場では、いまだ分娩直後にお母さんと赤ちゃんを引き離してしまうなど、まだまだ理解が不足しています。

静かな赤ちゃんは自立しているのではなく、気持ちが内にこもっているのです。大人の都合のいい子どもにさせられているのです。そうした子どもが健全な発達をとげるわけはありません。

子どもが思春期になって問題行動を起こし、「小さい頃は手がかからなかったのに」と嘆くお母さんはたくさんいますが、「手がかからなかった」のではなく「手をかけなかった」のです。

子どもとは「手がかかるものだ」という認識を、親になる人には持っていただきたいのです。

また、たとえ自分の子どもではなくても、子どもたちとかかわる機会があるときには、一言でも多くやさしい言葉をかけて、愛のまなざしを贈ってください。それぞれのご事情はあると思いますが、できるだけ心をこめて愛を伝えてほしいのです。愛情を伝えるからこそ、絆が生まれ、結ばれていくのです。

子どもたちは私たちを育てるために、この世にきてくれたのです。初めから一人前の親である人はいません。だれもが子育てを通して親になっていくのです。親になるということは、命を生みだし、育てながら、愛を育んでいく仕事です。子育てとは、親子で成長しあっていくという偉大な作業なのです。ところが、いまはそのような認識がないまま親になってしまう人がほとんどです。子どもの問題がクローズアップされるのも不思議ではありません。

お母さんと子どもの居場所をつくりたい

私は、自分が学んできたことを人に伝えて、多くの親子が笑顔を取り戻すお手伝いをしていきたいと考えています。

深く傷ついていた私が生きる勇気を持てたのですから、それを伝えていきたいのです。

何かで傷ついた人は、その体験によって、人生をより深く味わえるようになります。そのことを理解した人が率先して、少しでも人にやさしい世の中になるように努力できるとよいと考えています。

悲惨な事件を悲しんだり、世の中の矛盾を憂えているだけでなく、世の中を少しでもよい方向に変えるための行動を起こす必要があると思うのです。

私が開催している「愛のレッスン・たいわ士育生講座」修了生の中から、私の考えに賛同してくれる方がスタッフとして参加をしてくださっています。そして、自死遺族支援自助グループ「あんじゅ」を設立しました。また、子育てに悩むお母さんの語り場として、子育てセラピーなどもはじめています。

ところで近年は、各地で行政の指導を受けた子育て支援活動が盛んになってきています。これは、よろこばしいことです。ただし、公の子育て支援活動では、なかなか本音で語ることが難しいのです。また問題行動についてや個性や特徴のある子や病名のついた子の育て方や扱い方、親としての振る舞い方などは学べるものの、その子のありのままを認めて愛するといういちばん肝心のことはなかなか学べません。

とくに育てにくい子どもと向き合う親に、その子をかわいがること、また、わが子が求めていることは何かを考えることの大切さを伝えてくれる人はほとんどいません。

正しい知識を持たないために、「こんなはずではなかった」「何かおかしい」「どうしたらいいのか」と悩んでいる方はたくさんいらっしゃいます。悩みの解決方法を見つけられず、また子どもと向き合えずに苦しんでいる方がとても多いのです。

子どもは親を愛していますし、親も同じように子どもを愛しています。子どもたちは親の愛を必要としていますし、わが子の不幸を願う親はいません。ところが、お互いにそれをうまく伝えられず、わかりあえないために、「受け入れられていない」と傷つき、反発し、心を閉ざしてしまう子どもの例が後を絶ちません。

子どもたちは、自分が愛されていることを確認したいのです。

ところが、子どもの愛し方がわからない親がたくさんいます。それは、多くの場合、親自身も自分の両親から愛を注がれて育てられていなかったことに起因します。「親もそのように育てられていなかったので、愛を表現する方法を知らなかったのだ」――そう知ったときに、ずいぶん楽になられた方も多くいらっしゃいます。

親子がお互いに自分の感情を見つめ、それを素直に伝え合うことができたとき、親子関係は劇的に変わります。

けれど、ひとたび傷ついた子どもの心は、親子関係がこじれていくにつれて絶望を深め、あきらめてしまいます。その結果、心や口を閉じてしまった子どもは、もうがまんできないというところで大爆発します。彼らはもはや自分を抑えきれず、何かを主張しないではいられないのです。

鬱屈した感情を、自分や人を傷つけることで表現する子どももいます。爆発によって自他ともに傷つけ、さらに爆発して傷を深める。そんな繰り返しの中で、あきらめ、無気力になって、何もできなくなってしまう。そうなると、キラキラ輝いている子どもの瞳から、光が消えてしまいます。

そんな子どもたちの苦しみや悲しみを考えると、いたたまれない思いがします。だから、私は、子どもたちがありのままでいられる拠りどころをつくっていきたいのです。

この「子どもたちの居場所をつくる」というビジョンは、私には人生の目標の一つとして、ずっと前からありましたが、いまは子どもだけではなく、がんばっているお母さんを応援したり親子が安心して過ごしたり、学び合える居場所をつくりたいと思っています。

そんな大変なことはいやだ、ほかのだれかがやってくれればいいのにと、ずっと逃げていたのです。でも、気づいた人から行動を起こさなくてはならないのだ、と覚悟を決めて実践しています。最初は小さい活動でしたが、皆さんに助けていただきながら少しずつ広がってきています。

生きるつらさを抱えていても、そこにきてちょっと休んで笑顔を取り戻し、また帰っていけるような場所を用意することを思い描いています。

将来的には、そこで育った子どもがスタッフになり、後輩たちの面倒をみて、支えていけるシステムをつくるのが理想です。

「ありのままの自分でいられる場所」「そのままの自分を受け入れてもらえる、安心で安全な場所」へ、傷ついた翼を休めることができれば、子どもたちは生きる力を取り戻します。そして究極的には、外に居場所を求めなくても、自分の中に安らげる居場所を持てるようになるでしょう。

近年、子どもたちの居場所や駆け込み寺のようなシェルターをつくろうという活動が、全国的に広がっています。でも、子どもをめぐる問題は根深いものです。シェルターなどの存在を知り、自分でそこに助けを求めることができる子どもは、ほんの一握りでしょう。ある意味では、そこにたどりつける子どもは、きわめて恵まれているのです。

自分に手をさしのべてくれる施設があることにさえ気づけない子ども、大人を信頼できない子ども、犯罪にかかわった子どもたちに、どんな居場所を提供できるかは難しい問題です。

私は、私なりの方法を模索しながら、活動の方向性を探っていきたいと考えています。

子どもの才能を伸ばす育て方

居場所とは、「自分が自分でいられる場所」のことです。けれど、現代社会で「自分が自分でいられる場所」、つまり子どもたちがありのままで認められる場所をつくるというのは、シンプルなようですが、なかなか難しいことです。

最近では、居場所を見つけられないまま大人になってしまうケースも多いと思います。引きこもりやニートの問題は、そのことが原因となって起きる場合もあるのではないでしょうか。

この子どもたちが居場所を見つけられないという問題については、さすがに政府も危機感を抱き、なんとか支援しようとしていますが、公的なサポートを受けられるのはごくわずかです。サポートの場に出かけることもできず、苦しんでいる子どもがたくさんいるのです。

池川先生からうかがった話ですが、ある人がフリースクールに通っている中高校生にインタビューしたところ、「親が自分に期待していることはわかるけれど、それに応えられない自分がいて、学校に行けなくなってしまった」と答えた子どもが多かったといいます。

私自身、いじめのご相談も多くいただきます。

多くの教育現場ではいじめや不登校の問題が後を絶ちません。不登校になる子というのは、得てして心やさしい子どもたちです。彼らは他人を蹴落とす競争社会にがまんできません。そんな彼らが望んでいる社会の姿は、現代社会とあまりにかけ離れているのです。

やさしさとは強さであり、美しくて素晴らしい特性なのです。ところがいまは、やさしさが弱さや意気地のなさととらえられることが多いのです。

いじめが原因で自殺した子のほとんどが、まじめでやさしくて、がまん強い子だと聞いています。いまはそういう子がいじめの対象になることが多いのです。「いじめられるほうにも原因がある」「いじめられたらいじめ返しなさい」――よく言われることですが、本当にそうなのでしょうか？　たとえどんな原因や理由があろうとも、人をいじめてはいけないのです。いじめを正当化してはならないのです。いじめを受けている子やその子の家庭の問題を問うのではなく、いじめをしている子に「いじめはいけない」と言える社会でなくては、いじめはなくならないのです。

でも、いまの社会は「いじめはいけない」という正論が通りにくい社会です。だから、心やさしい子どもたちが「自分は学校や社会に居場所がない」と絶望し、不登校となり、ひいては引きこもりやニートになってしまうのも無理はないといえます。

「自分らしく生きる」のは、いまの社会では難しいことです。でも、生まれつき特殊な才能に恵まれた子どもや、また個性や才能を伸ばすように育てられた子どもの中には、たとえ発達障がい児であっても、「自分らしく生きる」ことができた事例が多くあります。

勉強の押しつけに拒否反応を示す子どもたちも、一人ひとりを見れば、知能指数が高かったり、音楽や美術といった芸術方面に才能があったり、機械が好きだったり、運動が得意だったりと、いろいろな才能を持っているものです。ですから、その子の得意分野を伸ばすことこそが、理想的な教育といえるでしょう。

親は、わが子独自の才能を伸ばすことを心がけてもらいたいと思います。

その子がどの分野に適性があるのかを知るには、子どもの興味・関心が向かう先にまかせておくといいでしょう。子どもが興味を持った分野でその子の才能を伸ばしていくのです。

「叱るよりほめろ」「ほめて育てる」とは、子育てでよく言われる言葉ですが、本当です。

子どもに勇気や自信を持たせて、自分の人生に責任を持てるように教えることが大切なのです。

私が子どもの頃は、あれもこれもと、したいことがたくさんありました。けれど、一回試してみると、すぐに「もういい」とやめてしまうので、親からはいつも「飽きっぽい」と叱られていました。

けれど、私にしてみれば、ちょっと試すだけで、すぐに自分の才能はどのあたりまでなのかがわかってしまっただけなのです。「そこそこまでいくけれど、もっと自分に向いているものがあるはずだ」と考えるので、無駄な時間は費やしたくなくなり、「もういい」とやめてしまっていたのです。

そんなとき、親は「途中でやめてしまうのは、根性がないからだ」と心配してよく怒りましたが、一般的に、そういう子どもを叱ったりする必要はありません。子どもの直感を信じ、無理強いしないで、できるだけ自分で決めさせることが後々子どものためになると思います。

一方、子どもは本当に好きなことを見つけると、すばらしい集中力を発揮します。

2歳の子でも食事もとらずそのことに熱中するほどです。

一般に、親は「オールラウンドにできる子どもになってほしい」と思いがちです。そこで、ある分野について興味や能力を持っていても、そこに目を向けて伸ばすことよりも、苦手なことを克服させようとします。

たとえば、一日中、絵ばかり描いている子どもがいるとします。親はその子に「普通とちがう子」「変わった子」というレッテルを貼って、「みんなと同じように外で遊んでいらっしゃい」「お絵かきだけじゃなく、絵本も読みましょうね」と強制するケースが多いのではないでしょうか。

自分が苦手なことばかりに眼をつけられると、子どもは自信をなくし、せっかく持っている才能もしぼんでしまいます。そんなふうに才能をつぶされてしまったのに、思春期を過ぎたとたん、「あなたは企業で生きていくのは苦手そうだから、芸術方面で食べていきなさい」と言われたって無理というものです。

親は、「こういう子どもであってほしい」という勝手な理想像を手放さなくてはいけません。そして、子どもの個性をしっかりと把握し、「子どもがしたいことやできることを伸ばす」という姿勢でわが子と向き合っていくべきです。

それは、インディゴ・チルドレンにかぎらず、すべての子どもの子育てに当てはまる、子育ての基本なのです。

世界を変える子どもたち

これから親になろうとする方や、子育て真っ最中という方に私がお伝えしたいのは、本当にシンプルなことです。

子どもには、「生まれてきてくれて、ありがとう」「かわいいね」「愛しているよ」と言葉に出して伝えてください。そして、できるだけ笑顔で接していただきたいのです。

生まれたての赤ちゃんを見つめたときのまなざしを思い出しましょう。赤ちゃんがいとおしくて、いつまで見つめていても見飽きなかったあの頃――そのとき胸にわき上がったあたたかさと同じ愛情を、いつまでも子どもたちにそそいでください。

たとえば、子どもが病気や怪我をしたときなどは、「あなたは大切な宝物」「あなたの存在は、大切なのよ」と、言葉でも態度でも愛を伝え続けてください。すると子どもは、自分の命だけでなく、ほかの人の命も大切にするようになるでしょう。

ちなみに、病気や怪我をした子どもを前に「大変！　大丈夫かしら、どうしたらいいの」などと親がパニックになると、子どもは余計に不安に陥ってしまうので、そうした態度をとってはいけません。「私が助けてあげるから大丈夫よ」などという依存につながる言葉も避けるべきです。

また、親御さん自身も、ご自身をいつくしんでください。

自分の命もかけがえのない命であることを、心から感じましょう。もし、あなたの生い立ちが困難なものだったとしたら、そんな状況を選んで生まれてきた自分の勇気をほめてあげてください。

私たちは、幸せになりたいと望んでいます。

すべての子どもが、人生の目的を持って生まれてきているのです。

子どもたちは、まず自分の家庭に幸せをもたらし、それから世直しという自分のテーマを追求しようとします。

いまは、世直しに携わるどころか、生きるのがつらすぎて、人生の目的を封印してしまう子どもが多すぎます。何かのきっかけで自分の使命を思い出して、本来の自分に戻れるケースもありますが、その前にいわば「討ち死に」してしまう子どもが非常に多いのです。

私がこれまで会ってきた方たちは、口をそろえて「人の役に立ちたい」と言いました。中でも、何かしら大きな困難を乗り越えた方は「私のケースを本に載せて、みんなに知らせてください。それで苦しんでいる人たちを助けることができるなら、こんなにうれしいことはありません」と言ってくれます。

「人生って、もっと楽しいはず。自分がした苦労は、人にしてほしくない。自分の体験がだれかの人生の参考になり、その人がもっと幸せになれるのなら、自分の体験や人生にも意味がある」

彼らは、そう考えているのです。

苦難を乗り越えた方々の思いは素晴らしいものです。そうした声をたくさん聞いてきたからこそ、私はだれもが幸せになってもらいたいと強く願うのです。

ただ、子どもの問題に関して言うと、それが表面化し、社会の注目を浴びていることは、望ましいことかもしれないとも思います。

「いまの世の中はおかしい」

「こんなやり方じゃだめだ」

問題を抱えた子どもたちは、自らの体を張って、そう教えてくれているのです。

私たち大人は、その叫びにきちんと耳を傾けるべきではないでしょうか。

精神世界では、これからの変革の鍵は「日出づる国」すなわち「日本」が握っている、といわれています。それなのに、わが国では年間３万人を超える自殺者が14年間も続いています。この状況は異常です。

千年に一度といわれる未曾有の東日本大震災に遭遇して、私たちは大きな喪失感をはじめ、さまざまな思いを体験しました。かけがえのない多くの命が喪われ、いまなお多くの問題や不安があります。それでも私たちは、どこにいても、何をしていても、自分自身や周りの人を大切にしながら、そのときにできることをしながら、感謝とともに生きていかなければなりません。そうすれば、幸せな人生が送れるのだと思います。

もし日本で、精神的な価値に基づいた新しい生き方を広めることに成功するなら、それは来るべき世界変革の雛形《ひながた》になるでしょう。

でも、残念ながら「この世の中、どこかちがう」と感じていても、何がどうちがうのか、どうしたらいいのか見当もつかず、なすすべもなく流されてきたのが、これまでのほとんどの日本人ではないでしょうか。

だからこそ、私は戦士の気性を持った子どもたちに期待しているのです。彼らは言われたことを丸のみにするのではなく、自分自身で考えて行動しようとします。たとえば、既存の学校システムになじめない、フリースクールに通う子どもの中から、新しい教育や文化が生まれてくる――そんな予感がします。

体制の枠にはまらず、自分で自分を律していく子どもたちが増えているのは、とてもよい兆候です。

彼らは、一致団結して一つのことを成しとげるのは得意ではありません。性格的に一匹狼ですから、集まって組織をつくるということは考えにくいのです。そのため、彼らの動向を一つの潮流としてとらえるのは難しいかもしれません。

けれど、一人ひとりがそれぞれの場所で、いいと信じる行動をとっていくなら、全体としては望ましい方向に進むはずです。少なくとも、悪い方向には行かないでしょう。なぜなら、彼らは自分や他人の尊厳をないがしろにしたり、争ったりすることが基本的に嫌いなのですから。

いままでのように、人々が組織の枠組みの中で身動きもままならず、あきらめながら生きていくのではなく、それぞれの人がそれぞれの場で活動していく中で、新しい社会が生まれてくるような気がします。

古い価値観に縛られた組織の中で、自分を殺して働くのが美徳なのではありません。ありのままの自分を活かせる場所で働く、つまり本当の意味の適材適所を実現するのが理想なのです。

本来の自分を曲げるというのは、ジクソーパズルの一片を、違うところに無理やりねじ込もうとするようなものです。そうすると、はみ出したり欠けたりといったことが起こります。そうなると自分が苦しいだけでなく、結局は社会全体にも不都合が生じてしまいます。

自分の居場所を見つけた人が増えると、だんだんとパズルの絵柄が完成していき、新しい世界が生まれます。

そしてそのときこそ、私たちは生まれてきた目的である「世界を変える」という使命を達成できるのでしょう。

それは、だれもが自分らしく生き、お互いを尊重する、新しい世界です。

私は、いつかそんな世界が実現することを確信しているのです。

おわりに……インディゴ・チルドレンにかかわるすべての人へ†

ガラス細工の子どもを育てているあなたへの手紙

お子さんは、ちょっと理解するのが難しい子どもかもしれません。

親の言うことを聞いてくれないと、腹が立つことがあるかもしれません。

けれど、それがその子自身の個性なのです。

その子を授かったことは、すばらしいギフトだとよろこんでください。

お子さんはそのままで、よい子なのです。たとえ悪いことをしても、それは「悪いことをする」という経験を学んでいるだけなので、「よい子」に変わりはないのです。

「よい子に育てたい」「思い通りに育てたい」と考えないでください。子どもたちは親がコントロールしようとすると、それを敏感に感じとり、強く反発します。「育てにくい子だ」「子どものくせに生意気だ」と嘆いたり、愚痴《ぐち》をこぼしたりしないでください。

求めないで、与えつづけてください。どなったり無視をしないでください。あなたは信じて待つよろこびを学んでいるのです。子ども自身に考えさせてください。そして、その存在を認めてください。あなたを成長させるためにあなたのもとに生まれてきたその子どもは、繊細ですばらしい感性に恵まれている反面、とても傷つきやすく、またあなたの愛を望んでいます。

子育て・親育ちの過程が、あなたにとって素晴らしい宝物なのです。

＊＊＊

わが子のふるまいや、その存在そのものに悩んでいる親御さんに、お尋ねしたいことがあります。

ご自身を振り返り、考えてみてください。もしかしたら、あなた自身が、わが子と同じような感性を持っているのではありませんか？

もしそうだとしたら、あなた自身も、時代を変えようとしてやってきた勇気あるたましいなのです。そんな自分を認めて、ほめてあげてください。

たくさんの愛を、そそいでください。

そして、満たされた思いで、わが子をあらためて見つめてほしいのです。

思い通りにいかない子どもを見て、悲しんだり苛立ったりしないでください。

そこにはかつてのあなたがいるのではありませんか。

あなたはわが子に、ご自身を重ね合わせていませんか。

子どもには、自分と同じあやまちを繰り返してほしくないと、口やかましくなっていませんか。

子どもが自分と同じようなまなざしを持ち、自分と同じように要領が悪いことに苛立っていませんか。

自分自身の内にある未解決の問題や未消化の感情をわが子に重ね合わせて、どなったり育児放棄したりしていませんか。

過去を後悔し、将来を心配し過ぎるあまり、大切な「いま」を生きていないのではありませんか。

現実を認めてください。

何も否定せずに、わが子のありのままを受け入れて、愛してください。

あなたも、子どもたちも、愛の存在だということを思い出してください。

子どもたちは、あなたを苦しめようとしているのではありません。ただ、あなたが忘れてしまった大切なことを、あなたに思い出してほしいのです。

傷つき挫折したまま大人になったあなたへの手紙

時代を変えるための大きな役目を持ってこの世にやってきたみなさん。

「どこにも居場所がない」と嘆き悲しむ前に、思い出してください。

あなたは祝福されて生まれてきたことを……。

あなたは独りぼっちではありません。

愛と感謝を思い出して、自分の心の中に居場所を見いだすことができるなら、この地上のどこにいたとしても、あなたがいまいる場所が、あなたの居場所になるのです。

「だれにもわかってもらえない」と嘆き悲しむ前に、思い出してください。

あなたがあなた自身の最良の理解者になってください。

本来のあなたは愛そのものなのですから、ありのままのあなた自身を愛して信じていけばいいのです。

あなたは、安全で、守られています。

「生きづらい人生」と嘆いていないで、心からの望みを実現するために、一歩を踏み出してください。それが、あなたの使命につながっていくのです。

自分の人生を他人に託したり、振り回されるのをやめましょう。

そしていま、この瞬間から、自分の人生を愛と責任を持って生きてください。

いつの日か、もろくてはかなくて壊れやすいガラス細工の心は、愛と光の輝きに満ちあふれ、キラキラと輝くクリスタルグラスに変わっていきます。そのときに向かって、いまと未来のあなたに、愛と感謝を贈りましょう。

ほら、愛と光に包まれて、キラキラと輝いているあなたの笑顔が、見えてくるはずです。


この本を読んでくださった方と、私の人生でかかわったすべての人に感謝を捧げます。

たいわ士としての道を歩むきっかけをくださった池川先生と奥様、池川クリニックのスタッフの皆様に感謝をいたします。

私に賛同をしてくださり応援をしてくださっている「たいわ士育成講座受講生」の皆様、志をともにするたましいの家族との出愛《い》……うれしくて誇りに思っています。私に続き……そして私を乗り越えて……素晴らしいたいわ士としてご活躍されることを願って、皆様のいまと未来がより輝けるようにと祈っています。

クライアントの皆様との出愛《い》にも感謝です。皆様の安心と安全、さらなる幸せをお祈りしています。

あんじゅでの出愛《い》は、少し先に旅立ってしまった子どもたちからのプレゼントです。月一回の活動は、私が大切にしているかけがえのないとき、宝物の一つです。

私が愛していて私を愛してくれている家族、これからもよろしくお願いします。

最後になりましたが、ビジネス社社長の唐津さんの鶴の一声で前著『宇宙チルドレン』の出版が決まりました。今回も唐津さんからのお声がけで出版の運びとなりました。読者の皆さんにお伝えしたいことがあり過ぎてなかなか書き進まない私でしたが、いつも快く応対をしてくださいました。感謝をいたします。

担当者の岩谷さんは、限られた時間の中で一生懸命に接してくださいましたこと感謝をいたします。

『宇宙チルドレン』の担当者の野本さん、今回の出版が決まったときにもよろこんでくださいました。感謝をいたします。

この本にかかわってくださったすべての方に、感謝をいたします。

「皆様に…愛と光と感謝を贈っています」

南山みどり

本書に寄せて――ミッションを持って生まれてきた子どもたち

池川クリニック院長　池川　明

生まれる前の赤ちゃんとお話しできる人は世の中にたくさんおられます。しかし、そういった方の存在はほとんど知られていません。本書の著者である南山みどりさんは、赤ちゃんとお話しすることができる人のお一人です。生死と隣り合わせのお産の現場で、まだ生まれていないお腹の中の赤ちゃんや、しゃべることのできない赤ちゃんだけでなく、流産や死産した赤ちゃんともお話しができる「たいわ士」さんとして、私のクリニックを助けてくれています。

みどりさんからいただく赤ちゃんのメッセージは驚くことの連続です。その内容からわかることは、私たちが生まれてくることには明確な目的があり、ご両親や生まれる時期も含めて最適な生まれ方をしてくるということがわかります。流産や死産ですら無駄な死ではなく、それぞれが周囲の人をも含めた人びとに重要なメッセージを伝えにきた大切なお産である、ということもわかってきます。

本書は好評を博して、多くの方がこの本で救われたと評価の高い『宇宙チルドレン』（ビジネス社刊）を大幅に加筆訂正した内容になっており、さらに踏み込んだ内容になっています。育児がうまくいかないと感じておられる方は、解決の糸口が本書で見つかるかもしれません。

ところで、産科医として私がお産に立ち会う中で気がついたことは、育児は受精のときからはじまっている、ということです。さらに言えば、受精の前から子育てがはじまっており、自分がどのような養育をされてきたのか、自尊感情はあるのか、トラウマを抱えているのか、など自分自身の生育環境や心の問題が妊娠・出産・育児に大いに関係しているということです。

「胎内記憶」という言葉は平成10年頃にはまったく知られていませんでした。しかし、最近では出産を経験したり、これから出産を迎える人の多くが、子どもが胎内にいたときの記憶を生まれた後に語ることがある、ということを知る時代になりました。とはいえ、妊娠・出産に関係のない一般の方の多くは、まだそのことを知りません。

胎内記憶をていねいに聞き取ると、この世界に生まれる仕組みが見えてきます。魂には生まれ変わりがあり、両親も自分で選んできた、というようなことを話す子どもは未就学児の2割に及びます。結婚する前の両親を見ていて、2人を引き合わせたりした、というようなことも語ります。

また、生まれ変わりの話をする子どもたち以外に、ほかの星からやってきたという子どもたちの話は、以前から時々聞かれていました。ところがここ数年、ほかの星からやってきた、という子どもが増えてきているように思います。


なかなか学校で習う漢字を覚えない小学生がいました。母親がイライラしていたところ、「だってしょうがないじゃない。地球は初めてなんだから」と言われたそうです。普通に考えれば馬鹿なことを言っている、で終わってしまう話なのですが、ほかの星からやってきたという話をたくさん聞いていると、「ああ、この子はほかの星からやってきた魂を持っているんだね」という気持ちでその子を見ることができるようになります。何度も地球で生まれ変わった魂とちがって、初めて地球を経験する子どもたちは、地球のしきたりや習慣に慣れるのにちょっと時間がかかるらしいので、気長に成長を待つことも必要なようです。

しかし、そのような星からきた子でなくとも、子どもはだれでも必ず秀でている能力を持っていますので、そのよい部分をさらに伸ばしてあげればいいのです。できないことをさせようとするより、できることを伸ばすことにより、次第にできないことが、できるようになります。

でもそれは、親が願うようにすぐにできる、というような簡単な話ではありません。言ったことが10年後、20年後にできればいいな、くらいの長期にわたる目線が大切です。


ところで、いままでの育児は親が子どもの方向性を決め、親の言いつけに従っていれば幸せになれると考えて子育てしていました。ところが、胎内から子どもたちには意識があり、感情があり、記憶もある子が少なからず存在するのです。

もし皆さんが9ヶ月間、意識があるのに「ない」として扱われたらどうでしょうか？　10ヶ月目に突然尊重されはじめたとしたら、怒りませんか？

いままで赤ちゃんたちは受精から9ヶ月間、胎内で無視されていて、生まれた直後に突然「まあ、かわいい」と言われていたのです。生まれた時点ですでに心が傷ついていると思いませんか？

　さらに生まれた直後から知性の輝きを見せる子どもがいますが、こうした古い魂を持つ子どもを「子ども扱い」したら怒ると思いませんか？

　もしかすると、本書を読んでおられる皆さん自身が、胎内から子ども扱いされて、自分という存在を尊重されなかった傷ついた魂を持っていらっしゃるのかもしれません。そして、そのことに気がつかないと、同じまちがいを自分の子どもにしてしまいます。よいことも悪いことも世代間連鎖してしまいます。どこかで悪い連鎖を断ち切る必要があります。それはそのことに気がついた人が行うべきなのです。

　人生がつらいと感じておられる方は、もしかするとご両親、おじいさん、おばあさんがその悪い連鎖を断ち切ろうとして生まれてきたのに成功しなかったためなのかもしれません。そして、あなたはその連鎖を断ち切るためにやってきた勇気ある魂の持ち主である可能性は大いにあるのです。そして、その悪い連鎖を断ち切ることができれば、ご先祖様にも子孫にも、幸せを分けることができるのです。

　この世に生まれるのにはきちんとした目的があるようです。子どもたち聞くと、記憶のある子どもたちほぼ全員が「人の役に立つため」と言います。私たちは人の役に立つために生まれてきたようなのです。

生まれてくる両親には人気度があり、高い人気の理由の一つに「寂しそうな顔をしていたから」とか「いつも泣いていたから」があります。なぜ、そのような親を選ぶかといえば、自分が生まれて親に「笑ってもらう」ためや、親を「助けにきた」ためだそうで、そのようなことを言うお子さんは決して少なくないのです。

皆さんはお子さんが、自分を笑顔にするためにやってきたと言ったら、うれしくありませんか？　ところが、笑顔になれないお母さんが、いまとても多いのです。もし、お母さんが笑顔でなければ、子どもたちのミッションは一つ失敗したことになります。もしもつらいお母さんが、子どもたちが助けにきたことを知っていたら、もっと毎日の生活に張りが出るのではないでしょうか。ご自分のお子さんがどのようなミッションを持ってきているのか、理解することも必要だと思います。

そのミッションは一つや二つではありません。たくさん持ってきています。できれば子どもの持つミッションをわかろうとしてあげてください。

『宇宙チルドレン』は、インディゴ・チルドレンを中心に書かれていましたが、そのほかクリスタル・チルドレンと呼ばれたり、またレインボー・チルドレンと呼ばれる子どもたちもたくさん生まれてきているようです。その中には、ほかの星からやってきたとされるスター・チャイルドも混じってきているようです。一般には育てにくい子、変わった子、障害を持っている子として扱われている子どもの中に紛れているようです。

そのことに最近多くの人が気づくようになってきました。そういった子どもたちが次第に増えているのも、何か理由があるからだと思います。いままでの育児書や教育を根本から見直さないといけない子どもたちがどんどん増えてきているのです。

このような話は突飛なように聞こえるかもしれませんが、いままでの育児書が役に立たない子がたくさん存在する以上、何らかの対策が必要です。本書はまさに、そのような時代の羅針盤になると信じております。

末筆ながら、子どもたちが持っている知識とチャレンジ精神を十分に発揮できるように意識していただけることを願い、皆様の幸せ、ひいては日本、世界が幸せに包まれることを祈っております。

池川　明

●著者略歴

南山みどり（みなみやま・みどり）
1953年生まれ。カウンセラー・セラピスト・たいわ士として「愛すること、ゆるすこと」を伝える“愛の伝道師”。たいわ士とは、“対話”を通して、身体の声を聴く“対話”、状況や状態の緩和をはかる“態和”、胎児や赤ちゃんとのコミュニケーションをはかる“胎話”等、さまざまなものからのメッセージをお伝えする存在。長年の経験から編み出した独自の手法は、個人セッションやたいわ士育成講座をはじめとする講座の他に、池川クリニックの院内プログラムにも取り入れられている。また自殺問題にも取り組み、自死遺族支援自助グループ「あんじゅ」を立ち上げている。著書に『宇宙チルドレン』（ビジネス社）がある。
ホームページ　http://www.tensinoegao.com

池川　明（いけがわ・あきら）［監修］
1954年東京都生まれ。帝京大学医学部大学院卒、医学博士。上尾中央総合病院産婦人科部長を経て、1989年に池川クリニックを開設。胎内記憶の研究の第一人者として知られている。著書『子供は親を選んで生まれてくる』（日本教文社）は日本文芸アカデミー賞ゴールド賞を受賞。他にも『ママ、生まれる前から大好きだよ！』（学研）、『ママ、さよなら。ありがとう』（リヨン社）など多数。
ホームページ　http://www1.seaple.icc.ne.jp/aikegawa/

わが子が育てづらいと感じたときに読む本

2012年6月3日　　　1刷発行

著　者　南山みどり
発行者　唐津 隆
発行所　株式会社ビジネス社
〒162-0805　東京都新宿区矢来町114 神楽坂高橋ビル5階
電話　03（5227）1602（代表）　FAX　03（5227）1603
http://www.business-sha.co.jp

本文印刷・製本／中央精版印刷株式会社
〈装丁〉村奈諒佳（パワーハウス）〈装画〉平出紗英子
〈本文DTP〉沖浦康彦
〈編集担当〉岩谷健一　〈営業担当〉山口健志

ISBN978-4-8284-1668-7